做別人不敢、不願做的

創新與變革

一個電信人的故事，
　　　　　從基層到副總經理

推薦序──功在電信

　　民國八十九年七月十六日，當時擔任中華電信董事長的陳堯和總經理的我共同署名，贈送「功在電信」牌給在該日屆齡退休的廖天才副總經理，表彰他畢生奉獻我國電信事業所做所為的傑出貢獻。這本自傳《創新與變革：一個電信人的故事》所陳述的每一件事，都是功在電信。

　　天才兄的資質優秀，才思敏捷，相信他在臺中高工建教合作選擇電信領域，接受扎實地基本能力培養與訓練，因為當年能夠到該校授課的都是電信界一時之選的優秀幹部。高工畢業後工作一段時間，上進心強烈的他白天工作夜間上大學，完成工業工程系的學士課程。接

下來天才兄又遇到交通部與國立交通大學建教合作，考取交大管理科學研究所，完成碩士學位。這種旺盛的求知與學習態度，反應在他工作中的創新與變革。

　　天才兄從事的工作，有市內電話普及推廣中投資最大的線路建設工程，線路現代化技術的引進和推廣，其中就有自行研發的DJ箱，目前仍普遍使用中。為了改善品質和提升效率，天才兄引進品管圈活動，蔚成風潮，好幾年每年的品管圈活動成果發表會都是全局同仁們的大事。他的經營管理能力自然流露，得到認同，於是接下來先後擔任電信總局企劃處、供應處、和工務處處長職務，為電信事業的發展與建設擘畫策略方案與實施計畫，關係著我國電信事業的未來發展與競爭力。具體內容在本書第五章至第八章分別記載，並以天才兄精煉的文筆，畫龍點睛般的陳述，十分具有可讀性。

第九章從目錄所顯示的篇幅，讀者很容易了解這章的重要性。天才兄臨危受命接任陷入採購疑案風暴中的長途電信管理局局長職務。在他運用經營管理長才，包括用人處事、穩定軍心、激勵士氣、設定目標、掌握重點等運籌帷幄勉力而為下，排除萬難，漸入佳境。這個心路歷程，相信天才兄點滴在心頭。我們一起走過的路，足跡依稀仍在。

　　九二一大地震對長途電信和行動電話網路造成嚴重的破壞，位於臺中的長途機房是核心重鎮，一度因使用中的冷卻水塔被震倒，致使整棟機房的運作停頓，造成全區電信網路南北不通，幾乎全面癱瘓！所幸長途機房樓頂有座固定式水塔，經同仁們採取緊急應變措施，迅速修護完成，冷卻水供應充足後，長途電信機房和行動交換機房恢復正常運作，最全面的危機在當日中午解除！那

一天上午我們一起從臺北專程到臺中，見證了這個事件，記憶猶新。

最後，借用《素書》的金句，您「深計遠慮，所以不窮。親仁友直，所以扶顛。近恕篤行，所以接人。任材使能，所以濟物。」您更能夠「設變致權，所以解結。」

感謝有您　您功在電信

前中華電信公司董事長、交大榮譽教授

呂學錦

2024.1.10

自序

　　轉瞬間，人生已過了88年，今年已是一般人所稱的「米壽」。

　　回想日治時代的童年，經歷第二次世界大戰、臺灣光復，參加建教合作，聽母親的話選擇「電信」這條路。

　　從手搖電話、建設「鄉鄉有電話」、換裝自動電話、大廈電信管線配置、示範線路中心、引進品管圈、研發DJ箱、西德，日本線路示範區、選購電信用地、規劃興建電信大樓、經營績效評鑑、線路地下化、物料管理改革、外勤工作服的更新，改良按鈕電話機、施行電話隨到隨辦、在行動電話採購冤案陰影下，鼓舞士氣、同心協力建設行動電話系統，迎戰行動電話自由化的競爭，所以在米壽之際，我要把這充滿感恩的人與事記錄下來，與大家分享這些屬於電信的故事。

　　謝謝　呂前董事長學錦為本書為序，在此一併致謝

　　前中華電信公司副總經理兼長途通信分公司總經理

2024.1.10

目次

CHAPTER 1

回憶童年

　　我出生於1935年的臺中市，那時正值日治時期。我的父親——廖春德，他經營冰果店、香蕉園及金礦公司，生性好客也曾因替人作保而賠上的五棟樓房。他喜好音樂，尤其喜歡吹奏薩克斯風，曾組織西洋管樂隊赴岡山佈道，在打理冰店生意的閒暇之餘，因為喜愛向人講述耶穌的故事，所以被街坊鄰居稱為「耶穌德」。但他在45歲時，因生背瘡而離世，而當時的我只有5歲。

　　我的母親帶著年幼的八個子女，經營父親所留下位於臺中市成功路的冰果店，生意興隆，衣食無虞，直到第二次世界大戰爆發（1939～1945年），為清理火路（防火巷），街道一邊的房子被拆除，我們被迫遷移到轉角處做生意。有時遇到突如其來的美軍空襲時，母親會在腰間綁著一百圓的「青仔欉」（日治時代發行的百元鈔票，正面印有兩棵檳榔樹，而檳榔樹的臺語就叫「青仔欉」，於是民間俗稱百元鈔票稱為「青仔欉」）帶著我們躲避空襲。

1949年國民政府試圖穩定物價，改發行新臺幣。圖為鄭成功文物館特展模擬4萬舊臺幣兌換1元新臺幣。

（圖／文 自由時報）

1949年政府為了抑制通膨，臺灣發行新臺幣，舊臺幣4萬元（右）只能兌換新臺幣1元（左），臺灣人財富一夕間化為烏有。 （圖／文 中央社）

　　臺灣光復後，隔壁輪胎店起火且付之一炬，母親決定在原來的地址重建做生意，便和姊姊辛苦清理現場，而隔壁的銀樓老闆居然還慫恿地主簽訂三年無條件拆屋還地的契約。屋漏偏逢連夜雨，1949年國民政府公布〈臺灣省幣制改革方案〉、〈新臺幣發行辦法〉，規定人民必須以舊臺幣四萬元換一塊新臺幣，使得大部分將積蓄存在銀行的家庭立即破產，我家也不例外。想想也不禁感嘆，當時冰果店對面的二層樓房一棟兩千圓，我們擔心屋主曾患肺病沒有買成，也有人介紹買田地，我們擔憂引水灌溉不便也作罷，所以錢都存放在銀行。

　　無家可歸的我們只能寄宿教會，仰賴母親替人幫傭維持生活。依稀記得每當夜深人靜的時候，母親戴著老花眼鏡，用臺語羅馬白話字讀聖經「萬事都互相效力，叫愛神的人得益處」（《羅馬書》8章28節），常藉著禱告、祈求及感謝，祈求神憐憫看顧保守，感謝神時刻帶領陪伴，她任勞任怨，從不發脾氣。

日本救世軍所經營的幼稚園。

幼稚園

我就讀於日本救世軍所經營的幼稚園（救世軍最早於1865年由倫敦衛理公會的牧師創立，理念傳布各國，在臺灣是由日本籍的瀨川中校（Brigadier Yasowo Segawa）於臺北、臺中、臺南、高雄所建立，最後隨著大戰爆發於1944年停止活動）。小小年紀的我每天走路上學，途中經過臺中州立圖書館（今合作金庫商業銀行臺中分行）常跑去看漫畫書，管理圖書的日本婆婆對我疼愛有加，都會為我預留書本。

小學時期我就讀的是臺中市村上國民學校（今臺中忠孝國小）。有一次，身為班長的我在整隊時，因同學

不守紀律因而對他揮拳，對方人高馬大，雙方都因此事大動肝火，從此我便體會待人要和氣。在學校我的成績都是「甲」，但只有音樂是「丙」，但我並不灰心，反而立志要更加努力練習。

禮拜天我會到教堂上主日學校，有唱歌、聽故事，還有學習臺語羅馬字，由劉振芳牧師娘教導，她非常嚴格，大家都很敬畏她，當時我和同學蕭清芬（副總統蕭美琴的爸爸）、吳真希（鋼琴家），在她嚴格的教導下奠定良好的臺語羅馬字基礎。

當然，我們與一般的孩童無異，會相約出去遊玩，像是一起偷偷去臺中游泳池，禮拜一去幫忙清潔換取免費入池，打彈珠、玩紙牌（我也是玩紙牌的常勝軍），這些都是我在兒時的美好回憶。

第二次世界大戰

1942年，為了慶祝日本占領新加坡，學校分發每人一個橡皮球，對於當時物資相對缺乏的臺灣人來說，是一種珍貴的奢侈品。

二次大戰後期，日本在戰場上失去優勢，隨著戰況日益激烈，我們被疏散到大里鄉，卻因禍得福得以享受田園樂趣，捉泥鰍、釣青蛙、撈魚蝦、摸田螺、田裡焢

窯。也因物資缺乏，所以上學要帶一桶蝸牛交給學校老師，而且當時日本政府頒布金屬類回收令，許多民居上的鐵窗、鐵門等鐵製品都要拆下繳交給政府作為物資材料。另外，在食物配給上，只有全家改講日語、改姓名成為乙等的「國語之家」才能多配給50%的食物（甲等是日本人，配給最多；乙等「國語之家」（說日語）次之；丙等的一般的臺灣家庭配給最少）。

美軍飛機空襲次數越來越頻繁，每當空襲警報響起，我們就得立即躲到防空洞，到後來演變成上課時警報響、躲防空洞，到中午解除就下課，幾乎沒有辦法學習課業。

1945年8月15日下午3點，從收音機聽到日本天皇廣播，聲音低沉且哽咽宣告投降，看著日本老師提行李離開的背影，令人不勝唏噓。

臺灣光復

1945年10月25日，國民政府正式接管臺灣。當時，我跟隔壁的兩個青年充滿期待到臺中車站迎接國軍，街上掛滿歡迎布條，國軍陸續下車，看到他們大綁腿、穿草鞋、挑扁擔，著實失望，跟想像中的軍人形象完全不同，他們駐紮在忠孝國小，圍成一圈吃飯，每人端著小鋁碗吃著辣椒、蒜頭、雪裡紅。

小學校名由「臺中市村上國民學校」改為「臺中市忠孝國民學校」，上課也由青年軍教唱「義勇軍進行曲」，唸國父遺囑，學ㄅㄆㄇ。

　　光復初期物價波動劇烈、一日三市，生活困苦只能赤腳上學，把四方巾當書包，朝會時我當司儀，老師私下勸說要我最好穿鞋。1947年，發生了二二八事件，隔壁的兩青年忙做飯糰參加反抗活動，聽說白頭盔（憲兵隊）開著吉普車到學校抓人，一時之間風聲鶴唳、人心惶惶。

　　那時常聽軍用十輪軍車壓死人，有一次看到肇事士兵五個人，遊街示眾到體育場，當場槍斃。

臺中一中初中部

　　1948年，我考上臺中一中初中部，入學考試除了學科以外還有加考體能，拉單槓五次以上及立定跳遠一公尺以上。低年級的學生在路上遇到高年級的學生要敬禮，（日本的遺風還在）否則當場訓斥。當時的校長金樹榮（光復後第一位校長），提出「爭取第一，保持第一」作為一中的精神口號，並在國、英、數三科採取能力分班，培育了許多優秀的人才。我的同班同學有施啟揚（曾任司法院長）、韓毅雄（臺大醫院骨科主任）、李敖（已故著名作家）等。

CHAPTER 2

建教合作

1950年6月25日時，韓戰爆發，美國鑑於亞太地區的安定，派遣第七艦隊（United States Seventh Fleet）進駐臺海，並決定根據「共同安全法」（Mutual security Act）對臺灣進行援助，一般簡稱「美援」（US Aid）。

從1952年到1959年整個美援教育計劃以工職教育為中心。因應我國政府要求，於是在1952年，美國國際合作總署（Internation Cooperation Administration, ICA）駐華共同安全分署設立教育組（Education Division），首任組長為具有專業職業教育背景的H.Emmett Brown（任期為1952年～1957年，參照傅麗玉，〈美援時臺灣中等教育發展（1951～1965）〉，《科學教育季刊》2006，第14卷第三期，p333-380。）1952年8月，被任命為安全分署教育組長的Brown博士

臺灣省立臺中工業職業學校。

抵臺，我很榮幸代表學校師生被指派參與接待Brown博士來到我當時就讀的臺灣省立臺中工業職業學校（簡稱「臺中高工」）。

1953年，臺中高工就被政府指定為建教合作示範學校，並具體實施建教合作案，政府選定鐵路局、公路局、電信局及電力公司等四間機構與臺中高工合作，而學校便指定土木科及電機科的學生參加，土木科的學生可以選鐵路局或公路局；電機科的學生則可以選電力公司或電信局。當時電力公司不需通過考試就可以當技工，但電信局需要通過考試才能當技術員，雖然進去電力公司的門檻比較低，但我母親聽別人說電力會電死人，擔心我的安危，所以最後選定投身電信組，也就此與中華電信結下不解之緣，我的一生奉獻於中華電信，也深深以此為榮。

電信組的教學計畫由臺灣電信管理局臺中線務段長朱希曾主持，上課後我才知道電信局的技工具體的工作內容是要負責抬電桿，布放線路等工作，在實習時很容易弄髒衣服，當時大部分高工的學生家境大多不算優渥，一套學生制服往往都要穿到畢業，所以我也曾建議老師發給實習學生可替換工作服。

畢業時必須要通過政府的「就業考試」合格，才能到電信局工作，我在填寫服務地點時曾經考慮臺北，但母親認為臺北大都市的環境容易引人誤入歧途，而且沒有親人照應，剛好那時姊姊在臺南，所以我就選定臺南線務段開始工作。

CHAPTER 3

手搖電話機的年代

　　臺灣最早的電話是1897年3月由澎湖守備隊架設的部隊聯絡電話,由澎湖郵便局至媽宮、西嶼燈塔間架設的聯絡電話。之後1900年陸續在臺北、臺中、臺南、基隆、斗六設置人工電話交換台,開放使用市內電話,但這時電話的登記費、基本費和使用費率都十分昂貴,只有富商或高官才會有裝得起電話,所以當時如果有誰打過一次電話,都要被旁人羨慕好久。

　　從日治時期到1950年代比較常見的是「手搖電話機」,學名又稱「磁石式電話機」,這種電話機的發電原理和發電機相同,電話機裡有兩個或

日治時期到1950年代的手搖電話機。

兩個以上的磁鐵，兩塊磁鐵中間形成一個磁場，當中間有一個線圈經過並轉動時，切割磁力線，就會產生感應電流，所以手柄搖得越快，產生的電流也越大，有了電以後便能通話，先打到人工交換台（接線生），再由人工交換台轉接到你想要聯絡的號碼。也因為電話機旁邊有個L形的搖把，所以也俗稱「搖把子」電話。

初入電信局報到

1954年7月，我和同學林獻焜到臺南線務段報到。臺南線務段是負責彰化以南的長途架空明線維護，及彰化、嘉義、臺南、高雄、屏東局以外的電信局，電話裝修工作。時任段長的陳俊業先生常常勉勵我們，工作要多看多學習，多閱讀雜誌（那時有《新聞天地》、《拾穗》月刊）來加強國文基礎。

年輕時剛進電信局就當技術員，位階較低且從事業務的同事多以異樣的眼光看待我們，因為我們剛入職的位階就比他們高，薪水也比較多，所以他們就要求我們每天完成自己的工作後也必須分攤他們的工作。因為他們是老鳥，所以我們這些菜鳥也只好乖乖聽從。

各電信局送來的裝電話申請單平均分攤十餘件，必須依照各用戶使用的材料來計算材料費，他們是用算盤來計算，而我們只能用筆算，算來算去次次都不同，等

到算完材料費其他的業務同事早就下班了，面對如此困境，我只有自修珠算提升自我計算能力才能解決如此困境，所幸，苦練一段時間也就能得心應手，但想想也是充滿感謝，因為這樣我也就多學了一項技能。

整修長途架空明線（嘉義── 新營）

某日，段長指派隊長，選調五個技術員，其中也包含我，並僱用小工五人，之後便隨著裝載料具的工程卡車在外住宿。

1950年代前後電話普及率低，所以當時多以明線（裸線）做為傳輸媒介，而我們進行的長途架空明線就是沿縱貫鐵路邊的田地建設。每天清晨7點，就得帶著便當上車到場工作，有時清潔桿上的隔電子（用於架空輸電線路中起到電氣絕緣和機械固定作用的裝置），也有換修拉線，挖出埋在地下的橫木（木橫擔，用來支撐各項設備架設於電線桿上重要骨幹，通常五到十年要更換一次）。還記得當時天氣炎熱，沿途鐵軌一直冒煙，中午只能找大樹遮陽，起初我因體力不足，覺得頗為辛苦，隨著時間的過去，慢慢也鍛鍊出好體力。

架設長途架空明線，有時需要好幾個人同時在電線桿上相互協助。

建設「鄉鄉有電話」

1955年電信局就與中國農村復興委員會合作開始建設長途電話鄉村支線，直到1965年此計畫已接近完成。當時除了因距離與地形等限制，少數高山中較偏僻的小村落或離島地區未能完成裝設電話裝置外，全臺大部分鄉村多數都已完成。（這時所謂的「電話裝置」是指「電信代辦處」或「公用電話」，所以仍是全村村民共同使用一部電話裝置的情況）。

接著，為了讓臺灣所有地區都有電話可用，電信局接下來又繼續推動「鄉鄉有電話」與「村村有電話」計畫，於是在1975年，臺灣231個鄉鎮終於達成「鄉鄉有電話」，而在1980年10月高雄縣杉林鄉木梓村的電話接通之後，「村村有電話」計畫也終告達成，總計受惠者有7,239村，全臺灣的電話網路終於全面建立。

另外，電信總局為配合政府農村經濟發展政策，在偏遠鄉村裝設市內電話及長途電話鄉村支線，成立「鄉村市內電話代辦處」以推動「鄉鄉有電話」。陳段長也親自帶隊，建設褒忠、崙背、土庫、元長、東勢、麥寮、四湖、臺西等鄉的鄉村電話。

負責架設的作業員常常都要自己揹著料具爬上電線桿。

　　在架設線路時，為走最短的距離，都會經過甘
蔗園，田中產業道路泥濘難走，也容易被銳利的甘
蔗葉割傷皮膚，有時更會看到蛇、田鼠或大蜈蚣等
害蟲，工作環境不算輕鬆，有時也擔心破壞農人辛
苦種植的莊稼。所幸，當時的電信法有一條「電信
得擇便建設」當作護身符，也慶幸工作順利，一切
都平安無事。

CHAPTER 4

撥號盤電話機年代

撥號盤電話機是第一代自動電話機，不需要經過人工交換台（接線生）就可以撥號給對方，只要以手指撥動撥號盤上的數字，即可透過機房內的自動交換機的轉接並和對方通話。

撥號盤上的數字代表送出斷續的脈波信號，比方撥「1」，是送出一個斷續脈波；撥「2」，則送出兩個斷續脈波，以此類推。產生的斷續脈波信號會被送到交換機，交換機會依照訊號找到被呼叫方收容位置，振鈴通知對方話機，完成電話的接通。

約1960年到1980年使用的撥號盤電話機，是透過用戶線接到自動電話交換機轉接。

1950年代，經濟起飛，電話需求強烈，配合國家長期經濟發展，決定發展電信四年建設，從1953年起分期建設：

▶ 第一期（1953～1957年）
擴充臺北、嘉義、高雄的自動電話。擴充板橋、桃園、彰化等的人工交換機。

▶ 第二期（1957～1961年）
改裝臺中、臺南的人工電話為自動電話。擴充屏東、新營、斗六、岡山、苗栗等人工電話。

▶ 第三期（1961～1965年）
運用美國國際開發總署（United States Agency for Inter-national Development，USAID）貸款，擴充臺北、臺中、嘉義及高雄等地的自動電話。改裝基隆、三重、中和、新店、景美、木柵、南港、松山、左營、中興新村等地的人工電話。建設西部幹線微波系統。

▶ 第四期（1965～1969年）
主要運用美國國際開發總署貸款，擴充臺北、高雄、臺中、基隆自動電話。改裝北投、板橋、新莊、自動併入臺北自動電話區。改裝新竹、彰化、豐原、屏東、鳳山自動電話工程。

擴充臺中自動電話工程A028

在第三期電信四年建設，電信局運用美國國際開發總署貸款，擴充臺中自動電話，這是第一次由臺灣電信管理局組成的工程隊，當時由機械科長孫肇福擔任隊長，臺南線務段長陳俊業擔任副隊長，線路科楊貴直、林銘端分別擔任總務、材料主辦，會計主辦由臺中局會計課長賴景忻擔任，而我則是擔任總隊助理。

另外，又由臺中局機械股長薛承弼、線路股長陳鏡銘分別擔任機線分隊長，工程人員以臺中局人員為主力，彰化、豐原為輔。

此時期的主要任務在於擴充臺中自動電話、換裝彰化、豐原的自動電話、新裝中興新村自動電話，任務歷時二年餘，順利完成。

縱橫制交換機，臺灣約在1960年自日本引進，後來大量
被設置成為當時臺灣電話交換機之主要設備。

擴充嘉義自動電話工程

嘉義在1930年即裝設自動電話，是臺灣第三個具有自動電話建設的都市。其後，為辦理第三期電信四年建設，擴充嘉義自動電話工程，便再組成任務小隊。隊長由當時臺南線務段長陳俊業擔任，嘉義局機械股長張瑞麟、線路股長蒲添壽，分別擔任機械、線路的分隊長，我擔任材料主辦，此次任務工期約一年。

北區換裝自動電話工程A039

1969年，全臺為增加41,500號電話，同樣運用美國開發總署貸款，增設五個A039工程隊，辦理各項建設工程。

A039北區換裝自動電話工程隊，係由當時管理局機械科長孫肇福擔任，工程師陳百氣、基隆工務課長周俊良擔任副隊長，臺北局會計課長薛君焯擔任會計主辦，材料主辦由我擔任，工程人員以基隆局為主力，另同時選調新竹、桃園、板橋人員支援。

本次任務先從新竹換裝自動電話工程，再到板橋繼續辦理，擴充基隆自動電話工程及北投、板橋、新莊、改自動併入大臺北自動電話區，工期約三年。

已完工的高雄微波鐵塔。

建設臺灣西部幹線微波系統

　　1963年建設西部幹線微波系統（微波通信是將信號以頻率在0.3GHZ到300GHZ微波作為載體傳輸的通信技術，臺灣的微波通信系統大致以臺北為中心，由西部與東部兩大幹線系統所構成）其主要是作為臺北至高雄長途電話使用，也可以傳播電視節目，像是早期台視、中視、華視就是使用微波系統轉播到臺灣各地。

　　建設路由從臺北經桃園龍潭高種山、新竹青草湖、臺中、嘉義大坪、臺南至高雄。當時天線動力隊隊長丁燕平，讓我加入南部天線動力分隊，建設臺南、高雄微波鐵塔（60公尺）及電力設備。為了配合分隊任務，

所以當時的我就住在高雄中興機房,長達半年之久,又遇到高雄半屏山開挖水泥,空氣污染、自來水質污濁,而附近的愛河水又髒又臭,所以只能自己買水喝。中興機房當時還沒有安裝電梯,工料都得爬樓梯攜帶,隊長每到場都帶頭搬運,連笨重的蓄電池亦是如此,工程雖苦,卻讓我幹勁十足。

有土斯有財,待價而沽

經過多年南北奔走,我看見都市逐漸向外擴展,覺得如果要在市郊買地,可選定臺南市新市,因為當地通信範圍屬臺南市內電話,附近又有公路、鐵路,交通方便,於是與好朋友合資,每人出資兩萬元,拜託同事尋覓合適的地點。運氣不錯,隔日下午就有消息,那塊地在新市鐵路與車站附近,晚上六人騎三台摩托車前往,一分餘地(約500坪)最後以十二萬元成交。沒過多久,統一企業也在附近蓋工廠。

買了那塊地之後,剛好遇到附近的高速公路興建,也因此擔心影響到地價,所以我們等待了一段很漫長的時間,大約在七、八年後,決定在路邊的土地興建住宅六戶,成屋後短期內就順利售出,從計畫買地到最後,經過十年分得二十萬,而這筆收入也成為我人生中的第一桶金,讓我得以買下位於臺北士林的住宅。

北上夜間大學及研究所

　　從小因為家庭環境限制，只能進入高工就讀，無法繼續升學而早早開始工作，十五年間我常以沒有唸大學而感到遺憾。當時，臺北已有夜間大學，為了不讓自己抱憾終生，我說服家人和朋友，並參加聯考，錄取中原理工學院（今私立中原大學）工業工程系，卻適逢學校董事會改組，將臺北的夜間部搬到中壢校本部，那時還沒有高速公路，每天下班趕6點交通車上課，下課回到家已經11點，隔天早上又趕上班，只有在週末才有時間與家人的互動。

　　五年後，終於要畢業了，適逢交通部與國立交通大學建教合作，電信局人事處長，也是我的好友陳成章邀我參加考試，我說夜間部的哪有可能，他說試試看，反正有考上或沒考上都無所謂，我們就一起去應試，很幸運的錄取交大管理科學研究所。又開始另一段學習的歷程，可以在上班的時間到交大去上課，學習管理知識、完成心願，讓我至今仍時常感念建教合作給予我成長的恩惠。

　　如同管理大師彼得・杜拉克（Peter Ferdinand Drucker）所說：「我們必須經常問自己，現在什麼樣的改變最適於公司的生存？」創新變革是當今

時代的潮流，只有這樣社會才能不斷的進步。而創新就是在生活中發現之前沒有發現的東西，沒有創新變革就不可能有合理有效的管理，所以能正確的提出問題就是邁出創新的第一步。

我還記得美國總統甘迺迪（John F. Kennedy）的就職新聞，總統辦公桌的玻璃墊下有一張座右銘－"Do my best"「盡力而為」，這讓我印象深刻。人的一生猶如演戲，在有限的時間，要扮演各種角色，因此隨時把握機會學習，充實演技，無論角色的大小，總要竭盡心力求其完美，我的人生觀就是秉持這樣的理念，時時刻刻以盡善盡美的態度，盡自己的一份心力，努力去做，希望留下美好的回憶。

信心乃生活的力量，經常閱讀聖經及勵志書籍，在積極思想上能時時產生新的啟發，讓自己的人生觀也就更為積極。聖經上有一句充滿智慧的話：「我只有一件事就是忘記背後，努力面前的，向著標竿直跑」（《腓立比書》3章14節）從此也成為我篤信力行的一句座右銘。

電信管理局供應處

　　管理局線路科長陳尚志，榮升供應處處長，增設技術單位第四科，分交換、線路、無線、管理等四組，想要讓我擔任線路組長。其實在以前他就曾經要我到基隆當股長，但我當時就以家住臺南的理由婉謝他的賞識之情。陳處長說現在我家已搬到臺北，就應該來報到，所以我只好捨棄臺北第二工程總隊，到供應處報到並準備接受新的挑戰。

▶ 簡化請料手續

管理局規定，各局需要材料都必須寫「請料單」申請，經審核「局撥料」或「准自購」。當時線路使用的材料都是國產，而大部分的請料單都是來自線路料，一天常常就有近百張之多，其中，由局調撥料的情況不多，大多是零星料「准自購」。

我為節省人力與時間，以「20/80法則」（又稱「帕雷托法則」，"Pareto principle"），採取重點管理，由局採購之電纜、電桿、接續箱料等主要材料外，其餘均不必申請，可自行採購，經簽請管理局長核准辦理，簡化了採購過程，省去了不必要的時間浪費，效率也因此得到大幅度的提升。

過二十年後，有一次遇到協辦的同事蔣慧萍（時任材料科長），她告訴我說我們以前制定的自購料的公文還在使用呢。

▶ 材料標準化

為簡化管理、降低成本，管理局成立材料標準化委員會，由當時的電信總局副局長陳永祥主持。

電信線路材料都是國內生產，電桿、電纜料種類多，儲存領用費心費力。無論電桿材質是木桿或水泥桿，電桿從6、6.5、7、7.5、8公尺的各類尺寸，精簡為7公尺一種。而電纜類也從線徑0.4、0.5、0.65mm，對數從25、50、100、200對的市內電纜精簡為0.5mm 100對、200對。

臺北電話局工程師室

▶ 研擬新建大樓電信管線設計規則

1975年，我被調任到臺北電話局工程師室，當時，臺北中華路第一百貨公司的萬企大樓（辦公大樓），經常發生電話故障，須派專人駐地維修，工程師胡惠勇、王茂森和我前往查看，發現大樓各層的配線箱太小，導致電話配線都裸露在地上，那時，剛好遇到臺北市大樓禁建（1973年鋼筋建材受美國廢鋼大漲影響，建材原料高漲。為了抑止建材漲風，同年6月，政府開始採取禁建高樓的政策。）我們趁機研擬「新建大樓電信管線配置規則」，派技術員黃富郎到市區（尤其東區）巡查準備蓋大樓者，介紹新觀念，也聯

繫臺北市政府建管處，申請新建大樓時應先知會本局，不久，臺北市大樓開放興建時，電信管線配置搭配新研擬的「新建大樓電信管線配置規則」，管線配置問題因此順利獲得解決，同時內政部也將「新建大樓電信管線配置規則」納入建築規範中。

之後也促成「用戶建築物內外電信管線設計規範」的廢止（民國86年10月27日，內政部修正發布，民國92年3月18日交通部電信總局發布廢止）與民國110年2月22日由國家通訊傳播委員會訂定「建築物電信設備及空間設備使用管理規則」。

▶ 購置內湖電信用地

當時，只要一下大雨，內湖區的電話就會發生故障。因為那時的內湖區沒有電信局，所以內湖的電話線是從臺北布放電纜，經過基隆河，由港墘路上岸，就近供線。

後來，我到內湖區公所接洽並告知他們一旦內湖區禁建開放，電話需求就會增加，所以必須要興建電信局，並詢問對方內湖區終期（百年）的人口是多少？經辦的官員答覆約20萬人。由人口數量計算之下，電話需求約10萬部，須蓋兩座機房，每座機房裝置5萬門交換設備，各需要2,000坪土地，合適的地點選在內湖路一段，另一在成功路二段，其後在1978年經臺北市政府同意，有償撥用電信用地。

內湖電信機房。

▶購置臺北松仁路（臺北101大樓邊）電信用地

臺北東區的線路維修，需要從西跑到東，當時松仁路一帶是陸軍四四兵工廠所在地，周圍有不少眷村，而這裡還是一望無際的芒草地，很適合做為線路中心。

1973年，與臺北市政府交涉，為配合東區的都市發展，計劃在松仁路、松廉路口興建1,600坪的電信機房，經市政府同意，有償撥用為電信用地。

不久後，當時的交通部郵電司長李建昌，受郵局之託，說郵電是一家，希望郵政也能在隔壁，於是讓價400坪土地給郵政局。

1975年蔣中正總統逝世，原本要興建世貿中心的預留地，被改為中正紀念堂（今「自由廣場」）之後，經貿中心才重新選在信義區，後來的信義計劃區，堪稱全臺最精地段，有全臺第一高樓的臺北101座落在此。

1990年興建東四機房及服務中心大樓。

▶ 改善臺北深坑地區線路設備

臺北到深坑約8公里，沿著山路架設200對的架空電纜，每逢大雨、大風，電桿容易傾倒而電話就會發生故障，搶修費時又費力。為改善深坑電話線路，接洽深坑鄉公所，對方同意提供適合的地點，裝設配線架，改為地下電纜供線，為郊區第一次布放地下電纜，從此高枕無憂，不用再擔心天災導致電話線路故障。

臺北局三線中心

臺北局局長劉詩華專車送我到三線中心，交接三線中心主任，林作文主任榮升第二工程總隊隊長。劉局長提到臺北區百分之八十的問題都是線路的問題，要我們思考改進的方法。

我寫了一份報告，告訴局長，臺北區域遼闊，而線路的組織是功能式的，責任劃分不清，不僅聯絡費時，效率也不彰，所以我建議採用線路區域責任制。

三線中心負責大臺北地區的緊急、小型的線路工程，就好比醫院的急診室一樣。三線中心的工作人員逾200人，首次帶領這麼大的團隊，讓我從實務經驗中學習到下面這些管理的技巧：

1. 以身作則、誠實待人。　　2. 積極傾聽員工意見。
3. 有效溝通，分享資訊。　　4. 當眾表揚，私下規勸。
5. 全心投入工作，認真採取行動。

西德專家應邀電信局舉辦的專題演講。　　　　　　　　　工程施工專題演講。

西德石牌示範區

　　1971年我國退出聯合國，電信總局總工程師林含鈴先行遠赴西德考察，由西德郵電局介紹與西門子公司技術合作，在臺北市石牌建設市內電話線路示範區，從設計、訓練、施工、材料全部採用西德郵電局之標準。之後再甄選林溪河、鄭伸仲、曾濟深、賴焜永和我等五人，由技術處長楊肇鳳帶隊，赴西德慕尼黑見習兩個月，在當地，我們在路上看不到一根電桿，如此電纜全面地下化，讓我留下十分深刻的印象。

　　1977年石牌示範區施工人員，由各局線路領班到訓練所訓練，經顧問鑑定合格，才可參加工程。

接著，施工人員由士林文林路布放1,200對電纜到石牌示範區，每一個人孔接續電纜，顧問親臨現場監督並檢查電纜芯線接續是否正確。有一天在憲兵指揮部－士林憲兵隊前，顧問在上廁所的路上，發現到人孔錯接3對，立刻要求施工人員再回去重接。

線路交接箱。

該示範內，幹線與配線之介面點裝設大型交接箱（1200P）。在交接箱內機動跳接幹纜與配纜心線，因此供線區內心線融通性極佳。

有時，地下配線電纜的引接箱裝歪了，顧問也會立刻要求改正，即使領班說差一點點沒關係，下一個會裝好，但是顧問還是會堅持重新安裝，力求完美。配線的材料都是從西德進口的，例如工程用來擦拭接續前塑膠管的雜布也都是潔白如新，工作人員不可用手塗黏膠，必須使用工具。配線工程歷時八個月，於1978年1月完成。

為推廣成果，電信總局選擇臺北、高雄、臺中、基隆等市內新社區，照石牌示範區的模式，進行第二期示範區。

改善市內電話線路

日本亞東聯誼會看到臺灣和西德技術合作，派員來臺灣考察一週，建議第一項是臺北的線路組織要一元化，電信總局副總局長陳永祥便將此建議交辦給臺北局劉局長，而劉局長卻說我們內部早已有人建議，副總局長陳永祥又問那人是誰？劉局長說是廖天才，於是副總局長便指定將此重責大任交由我來處理，於是這項任務也成為我電信生涯中另一個新的里程碑。

線路中心建築及停車場。

▶ 成立線路一元化組織

1979年5月，臺北第四線中心成立，試辦線路維護、裝移機、用戶查修，線路一元化，區域責任制。轄區涵蓋臺北東二局、內湖、南港、汐止。幅員遼闊，尚待開發，架空線路多，約占三分之二，因為此地靠山雨量多，是典型的外線環境，所以電話故障率高，6.6件/月/百話機（一個月平均100部電話機故障6.6件）。

(1) 甄選股長簡文慶、卓盛華、羅國信、領班鄭石明等，公餘時間討論，寫工作說明書，籌備半年。

(2) 成立大會，列隊歡迎各單位員工報到，局長、副局長、總工程師蒞臨指導，第一次用投影機簡報，成立中心的緣由、工作的範圍，發揮創新、和諧、合作之精神，期盼成為示範的線路中心。

(3) 每周股長領班檢討會議、每月全體員工的會議傾聽意見與心聲。

(4) 升遷公平公正，由股長領班組成。

兩年後（1981年）檢討結果，認為可縮短工時、提高效率、加強線路整體服務，臺北局繼續辦理。

▶ 研發DJ箱（配線箱）

　　RA（Ready Access）箱，主要是用於CCP彩色塑膠電纜相互間，CCP彩色塑膠電纜與用戶屋外線間之接續。其材質乙烯（PE），構造分為箱底、箱蓋、側壁、固定架等。CCP彩色塑膠電纜在RA箱內以UY接續子接續，並以6P端子板配合屋外皮線引進用戶端，可做電纜接續及供線裝機，施工相當方便，所以在美、日廣為使用。但臺灣環境、氣候、人文條件特殊，很容易造成RA箱的電路故障。RA箱內電話線是自由配線，雖有不同顏色標示，但每一RA箱如果裝機容量太多，配線就會顯得凌亂而不得不頻繁開箱整理或檢查，衍生的問題不在少數。

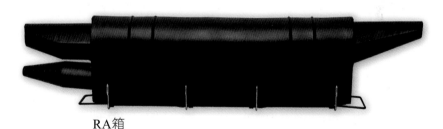

RA箱

　　為了解決RA箱的缺點，我想到早期鉛被電纜用的終端箱，它是採用固定配線，故障發生率低，於是我到倉庫提用當時已報廢的終端箱，搭配塑膠電纜試用，效果出乎意料的好，後來，那些報廢終端箱被用完了，於是我決定自己製作配線箱。

我與查修股股長簡文慶一再商討有關配線箱的形狀、材質、構造，並且先將初步的構想畫成草圖。有一天，鴻嘉工業股份有限公司老闆李得雄來局參訪，我們聊到正在研發配線箱的計畫，他義無反顧的應允免費為我們試作，以回饋電信局對他的栽培，經過多次的試驗與調整，終於成功地完成DJ箱的研發。

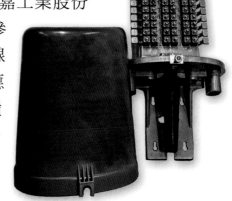

DJ箱與其內部的接線端子塊。

不同大小的DJ箱。

日本內湖示範區

　　1979年日本亞東聯誼
會派員來臺考察，建議線
路作業現代化，並與電信
總局技術合作，計畫分期
如下：

▶ **第一期**
　　在臺北光復北路（國父
紀念館對面巷）試辦一
個供線示範區。

▶ **第二期**
　　擬擴大合作，預計選擇
南京東路一帶。

　　我建議示範區應設在
內湖區，因當時內湖區禁
建已解除，且電信局機房
興建中，機線設備亟待建
設，是技術合作最適合的
地區。最後，公司上層主
管採納我的建議，選定內
湖為示範區。

中日雙方代表為「現代化技術合作」
進行換約。

中日雙方代表為「中日第二期推行線
路」簽約。

會議結束後，我帶顧問開車認識內湖區，車輛沿著內湖路行駛，看到靠山的一邊，房屋稀落，一直又到東湖，看到一大片新建公寓，前面已無道路，便向顧問請益如此的情況，日本要不要供線？他說「不」，因為日本必定先有都市規劃，道路成型後，再蓋房子，才能供線。而臺灣卻必須先供線，房子蓋好，道路才開闢。回途，看顧問面有難色，我便對顧問說：「內湖的建設會很快，請放心，一切會很順利！」

　　此次線路現代化技術合作內容如下：

▶ **線路明細資料管理**
　調查繪製內湖線路明細，資料作業標準化。

▶ **營業預測調查，全臺總體預測，內湖實況調查。**

▶ **系統檢討與器材評估**
　即彩色塑膠CCP電纜，採用RA箱自由配線。臺灣仿照美、日使用多年，因氣候、環境等影響，發現成為線路障礙之瘤，建議改採固定配線，用DJ箱（由四線中心開發，試用結果良好），日本顧問雖抱持懷疑的態度，經過開會協商，勉強同意。

▶ 基本設計

計劃布放地下電纜2,400對四條，建議分批，先布放兩條，以節省資金。

▶ 固定供線區之規劃

直接配線（離局500m以內），交接配線（離局500m以外）。

▶ 細部設計

內湖細部資料收集及配線設計。

▶ 施工

技術訓練，內湖拖車局、內湖一、二局線路工程。

從1979年6月到1982年6月，合作三年，計畫圓滿達成，再次帶顧問巡視內湖，看到一間三十萬的優雅公寓，讓顧問也不禁心生留住的念頭。之後，我再帶他到四線中心，看到改善線路故障率的DJ箱展示櫃，短時間內，臺灣能有如此大的進展，讓原先質疑內湖區電信建設規劃的顧問，也豎起大拇指，表達他對我們努力付出的肯定。

CHAPTER 5

臺灣北區
電信管理局線路處

1981年5月臺灣電信管理局被裁撤後，成立北、中、南區電信管理局。北區管轄從新竹到花蓮，我奉派接任線路處長，管轄範圍遼闊，唯恐力不逮心、服務不周。有一天，看到台視的影集「日本能，為什麼美國不能」，是美國企業家組團去日本考察的報告，從中探討日本為什麼能從戰敗國，變成「日本第一」，後來發現原來是各企業基層都組成小組，認真改善工作，稱之為「品管圈」（Quality Control Circles，簡稱QCC，是1962年由日本石川馨（Kaoru Ishikawa）博士首創，對企業內的基層員工進行全員品管，改善全員的一種極為有效的活動。）

某天，陳貞堃局長來電，提到中區薛承弼局長標榜中區的特色是電腦，那麼我們要標榜什麼？我順口說管理，叫做品管圈。

引進品管圈（QCC）

　　隔週，局務會議突然要我報告品管圈。於是，我便報告：「品管圈的活動是由4～10人自動自發的組成，形成工作小組，定期聚會，檢討本身工作範圍內有關生產或服務方面的問題，藉著蒐集資料找出問題的根由，並且提出解決問題的方法付諸實施。實施一段時間後，再經由計畫（P, Plan）執行（D, Do）檢討（C, Check）行動（A, Act）的管理循環，周而復始的不斷改進，最終使得產品的品質毫無瑕疵，服務達到完美的境界。」主管聽完我的報告後，表示十分認同，並希望我在三個月內發表相關的成果。

　　第一時間，我就接洽先鋒企管中心合作開班訓練，但對方要價二十萬元，但我沒有那麼多的預算，只好選擇自修。之後，先向線路中心主任介紹品管圈，再和測量中心志願組成一圈，由股長劉肇祥擔任圈長，共同研習。1981年9月北區自己先辦小型的示範成果發表會，局長陳貞堃率各單位主管列席，會場座無虛席，迴響熱烈轟動，局長為此表示嘉許，指示線路處所有同仁擴大推行。

臺灣北區電信管理局第三屆品管圈成果發表大會。

　　1982年5月北區管理局舉辦第一屆成果發表大會、邀請總局長梁廣平，各區管理局長參加，梁總局長讚許，指示各局推行。於是，南區管理局在1984年、中區管理局在1985年開始推行，此時我應邀到各局、所分享品管圈的理念和推行經驗。之後在1986年時，也擴及長途管理局、國際管理局、訓練所、研究所並先後舉辦第一屆成果發表會。1986年11月，電信總局頒發「全區推行品管圈活動辦法」，並在同年12月舉辦電信總局第一屆全區品管圈發表大會。

　　1986年至1997年，依據中山大學研究電信總局品管圈活動效益分析，他們總結出品管圈的引進對電信總局的品質改善達到：「降低不良率、提高工作效率、節省成本及提升服務品質」、「『有形效益』約為48億元」。

1995年1月17日在電信總局舉辦的第九屆全區品管圈成果發表會，總局長陳堯頒發予我品管圈特殊貢獻個人獎。而這次的經驗也讓我領悟到所謂的「共振效應」，我們的思想、執行力和態度就像振動，這些振動間會產生共振，並交互影響。所以當一群人都有相似的理念時，這樣的集體意識便可以引導更多人，形成強大的共振效應，進而影響組織中的每一個成員。

總局長陳堯頒發予我品管圈特殊貢獻個人獎獎座。

購置永和電信用地

從臺北到永和必須過橋，尤其是上下班的交通尖峰時段，車流擁擠、堵塞嚴重，對於要進行線路查修、維護的我們十分傷腦筋，因為時間都浪費在等待，很沒有效率。

有一天，我在報上看到永和區公所要標售土地，是為在國父紀念館旁、國光段（現今新北市永和區國光

現今位於新北市永和區國光路8號的中華電信股份有限公司新北營運處。

路）的土地，這讓我喜出望外，於是立即寫簽呈，由於當時的永和地區沒有電信用地，所以此地十分適合草擬購置來做為線路中心的用地。天時地利人和均齊備，如此良機不可錯過，因此我加緊處理，勢必要讓此案順利完成。

　　1981年8月，北區電信管理局購入永和區國光段土地6,629平方公尺。或許是該地段真的具有地利之便，經過一段時間以後，永和區公所還想再買回去。

購置士林電信用地

　　當時，臺北市士林區也沒有電信用地，所以為了配合地區發展，加強電信服務，北區電信管理局計劃在士林福林路、中正路口設立1,000坪的線路中心，最後在1981年9月，經臺北市政府的同意有償撥用。1985年，基隆河廢河道整地完成，改撥劍潭基河路現址。

位於臺北市士林區基河路10號的中華電信士林營運處。

CHAPTER 6

電信總局企劃處

　　1981年8月電信總局局長梁廥平打電話給北區電信管理局局長陳貞堃，要我接任電信總局企劃處副處長，我回覆陳局長自己剛接任北區電信管理局線路處處長，請容許我在三個月後報到。

建立資訊展電信館模式

　　1985年，帶家人去參觀資訊展，我想要找自家單位－－電信館舉辦的攤位，卻遲遲找不到，直到出口處才找著，而且只設數據、交換兩個小攤位，電信館的名號不明顯。

　　1986年，在資訊月籌備會上，總局派企劃處工程師王精三和我參加，各參展單位都認養20、30坪，而電信總局提出須配合當年主題「資訊與通信」，所以我們建議認養60坪，並選擇在入口處的第一攤位設電信館，籌備會亦同意我們的建議。之後，我們回報總局長劉詩華，他指示我們必須在預算範圍內處理，規劃內容如下：

▶ 規劃小組

各局所派一人參與。

▶ 參展項目

「遠距電傳視訊」，由訓練所負責。

▶ 招商設計，公開比圖。

▶ 招商發包，公開比價。

▶ 工作分配

展示館的服務人員、膳食由區管局負責。展示設備搬運由長途電信管理局負責。

▶ 服務人員溝通

請專家來演講，主題為「理念」、「態度」。加強「顧客至上」的服務理念與態度。

局裡指派服務人員到展場參觀，看到電信館氣派、別出心裁的布置與裝潢，便自發性的要求穿制服，但因為沒有預算，所以大家達成共識，穿著白衣黑褲，男生則配戴由局裡統一發下的一條紅領帶。

當時臺灣吉悌電信（於2009年與臺灣諾基亞西門子通信合併）總經理谷家泰，看到電信館說：「劉局長今

電信總局長劉詩華陪同副總統李登輝、資策會董事長
王昭明、參謀總長郝柏村參觀電信館之陳設。

年發財啦？花了那麼多錢來布置電信館。」我問谷總經
理：「你們花多少錢？」他回答道：「跟去年一樣一百
多萬。」其實，我們的預算跟去年一樣只有八十萬。

　　那年資訊展電信館的主題：「電信結合電腦，邁向
資訊社會」在入口處十分醒目。為介紹新的科技、新的
業務，那時展示項目之一的「遠距電傳視訊」，在臺北
端（展示會場）恭請時任副總統的李登輝蒞臨，並與位
在高雄端（高雄訓練所）的市長蘇南成通話，話題性十
足，讓電視、報紙媒體競相報導。

建立電信經營績效評鑑制度

　　交通部轉知行政院頒「國營事業71年度工作考成總報告，應建立績效評鑑制度」。電信總局副總局長陳玉開批示：「企劃處草擬本局經營評鑑制度，包括生產力、存貨處理、經營報酬率、一般管理並儘可能以各區管理局為對象，俾切實責成所屬發展，競爭進步。」於是電信總局企劃處研擬內容如下：

1. 評鑑對象：北、中、南區、長途、國際管理局、數據所、研究所、訓練所。
2. 評鑑項目：生產力、收益率、活動力、成長力、設備使用、材料、工務、營運、人力結構、服務品質、工作安全、創新。
3. 評估指標
   (1) 歷史指標：依過去紀錄。
   (2) 理想指標：實際需要努力性。
   (3) 標準指標：實際測定標準工作量。利用各種預測、經營及其他相關資料，應用統計方法、指標與其他分析工具，對各期間之經營狀況，進行事前、事中與事後的分析比較，以便發現差異並及時匡正，增進經營績效。
4. 成立評鑑小組。
5. 按月發佈經營績效簡報。
6. 年度績效評估及檢討。
7. 公布評鑑結果。

其後，成立電信總局經營績效評鑑委員會，由總局長梁賡平主持，各管理局長、所長出席，經討論草案後，決議於1983年（民國72年）7月實施。如此創舉，可謂開國營事業之先河。

三年後，行政院研究發展考核委員會所出版的《研考雙月刊》，刊載〈電信事業經營績效評鑑制度簡介〉一文中，就電信推行已三年，成效卓著的經營績效之評鑑制度之評鑑目的、方式、評鑑對象、項目及根據加以說明，其內容也成為交通部76年所屬機關年度考成之參考。

十年後，行政院研究發展考核委員會（簡稱研考會）在世新大學舉辦全國高階行政人員研習會，我應研考會處長邱鎮台的邀請，前往報告「電信經營績效評鑑」。會後，行政院勞工委員會（簡稱「勞委會」，今勞動部）勞委會賴管理師邀請在全國勞工幹部研習會報告，兩個月後再到世新大學上課一次。

電信事業經營績效評鑑制度簡介

（轉載自行政院研考會研考月刊第十卷第一期）

臺灣地區自光復四十年來，經濟成長快速，國民所得大幅提高，人民對電信服務的需求亦與日俱增。電信事業於歷經高度成長之後，經營重點已從追求量的增加延展至質的提升和新興業務之開發。而一企業之經營是否已發揮全力？或其潛力發揮的程度如何？必需加以衡量與評鑑。本文係就電信事業推行已三年且成效卓著之經營績效評鑑制度之評鑑目的、方式、評鑑對象、項目及指標加以說明。

壹、前言

在高度工業化的社會，電信通信量之多寡和流動速度的快慢，不但是經濟社會發展之表徵，亦常被用以衡量一國國力之盛衰。臺灣地區自光復以後，經濟成長快速。國民平均所得大幅提高，對電信服務之需求與日俱增。溯自六十年代起，市內電話用戶之長期平均年成長率

電信事業經歷高度成長之後，經營重點已從追求量的增加，逐漸展延至質的提升和新興業務之開發。由於服務內容隨科技之進步而不斷創新，網路系統規模之擴大與高級化層次之提升，使經營管理之更新，日形迫切。近年來，電信事業除了加強市場與費率結構之分析研究外，陸續推展目標管理、決策分析、經營績效評鑑、品管圈活動、電腦模擬及作業電腦化等措施。其中經營

推展電信線路地下化

交通部電信總局在1953年便已開始連續十期、各四年的電信建設，在第八期（1977年～1980年）時，也為配合國家建設電信六年建設計劃，以及市區管線現代化的「市區道路電線電纜地下化建設計畫」。在1980年時，有軍、警、民聯合巡查，附掛電信電桿的不明線路，避免影響市容，也反映出線路地下化的必要性。

因此，由臺北市石牌地區辦理之西德示範區線路地下化的啟示，開始推展線路地下化，也因受到預算執行率80%以上的顧慮，故比較保守。

所以，年度檢討會時，我鼓勵應積極推展線路地下化，並建議：
1. 臺灣地下埋設管線沒定位，自由化，要趁埋管單位少，先埋先贏。
2. 收入超收，沒有預算顧慮，是大好的機會。
3. 提高線路品質，美化市容。

最後在全力推展之下，1996年時，臺灣全區線路地下化已達65.46%，臺北區91%。2020年日本當局為了迎接東京奧運，據當時日本道路局統計，全日本地下化15%，東京46%，雜亂的電線桿成為日本政府面臨的迫切難題，因此決定斥資120億日圓，來推動電線桿地下

臺灣施行線路地下化工程。

化計畫，美化都市景觀。雖然與起其他國家相比，日本
的線路地下化的比率相對低，但也可以看出臺灣早於日
本開始推展線路地下化的工程，而且線路地下化也是全
世界各國的趨勢。

規劃興建電信總局大樓

　　電信總局從前是在臺北市愛國東路國際管理局大樓6～9樓及國際局機房3樓，辦公環境狹小，區域又分散，在公事上的聯繫十分不便，相較於北區、中區、南區管理局都有獨棟大樓集中辦公，總局的辦公環境確實有待進一步的改善。

　　日本電信電話公社（Nippon Telegraph and Telephone Public Corporation；簡稱NTTPC）有「遞信大樓」（遞信ビル），可做為代表日本電信的象徵建築，所以我認為臺灣的電信總局也一定要蓋一棟代表臺灣電信的大樓。因此我建議：「在信義路、仁愛電信區，原臺灣電信管理局長的辦公廳所在地，興建電信總局大樓。」

　　經總局長劉詩華核准，報請交通部核示並做簡報，說明臺灣電信需要代表電信的建築，並做便民服務。

　　1986年第一次籌備會在總局召開，北區電信管理局局長陳貞堃，國際局長蔣廷章、研設會秘書李昆潤、總務處副處長洪榮三、會計副處長林仕鈴參與此次會議，原本擬蓋高樓，但考量高度超過中正紀念堂（即「限高令」，過去四十年都是規定中正紀念堂周邊50公尺內區

中華電信總局大樓。

域的建築物高度不能超過53公尺），需報行政院核准，
最後決定樓高為十層樓，實際執行請北區管理局辦理。

　　1993年，有一天，搭乘總局長陳堯的車子，從立法
院回總局，經過仁愛電信區，看到總局大樓正在施工，
陳總局長說：「它的建築合約是我簽的。」我順口反問
他：「你知道是誰規劃的嗎？」

在團體合唱中擔任指揮的我。

交通部幹部訓練班

　　1985年4月交通部辦理幹部訓練，調訓所屬單位郵政、電信、鐵路、公路、觀光、港務單位八十名幹部，要在陽明山中山樓訓練一個月，二十名一班，共四班，報到時被告知結業時有音樂比賽，各班要推舉一位指揮大合唱，及一位獨唱，我很榮幸的被推舉為指揮與獨唱。

　　對於指揮我是門外漢，臨時請教我的教會唱詩班的指揮李明音老師，惡補幾招，每天抽空練習。大禮堂沒有鋼琴，指揮最怕起音不準，想起女兒學習小提琴的定音哨子或許可以發揮功能。

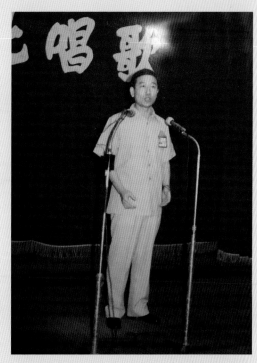

獨唱時的我。

四個禮拜很快就過去，結業的音樂比賽加上臺大研究班共五組，比賽結果，沒想到自己的合唱及獨唱都得到第一，成為雙料冠軍。評審講評說：「你使用定音哨子，在比賽場合我還是第一次看到，真是高招！」之後的結業成績也被評定為第一名。

同年10月辦理第二期幹部訓練班，學員八十名，我被聘請為輔導員，又住了一個月。

CHAPTER 7

電信總局供應處

臺灣的電信發展，從傳統的電報、電話服務，提升為結合通信和電腦的服務，即為「電信現代化計劃」，是國家十四項大建設之一（為時任行政院院長俞國華推動的系列大型基礎設施建設，包含三十個子計畫的十四項工程建設），預計1990年完成。

電話交換技術發展經過五個階段，從第一階段的其中的「人工交換」，第二階段「機電式自動交換」，第三階段「電子式自動交換」，第四階段「數位式自動交換」以及第五階段的「IMS交換技術」。此時位於第四階段的「數位式自動交換」時期，其中「數位式電子交換機」所扮演的角色至關重要，做為更換通信網路心臟的關鍵性的器材，由美商AT&T在臺設廠製造，初次採購就面臨議價延宕。

當時的電信總局供應處長張爵濱擬辭，總局長劉詩華請前副總局長金世添來與我商討，希望由我來接任供應處長一職，我誠實地說那是火坑，第一時間便婉拒副總局長，隔天，劉總局長說，再二年他就退休，希望能在任內順利完成。於是最後的結果，是我與張爵濱兩人職位互調，對我而言這又是個困難重重的新挑戰。

改善供應處辦公室

面對這項困難的挑戰，我認為與其擔憂，倒不如先著手開始進行改變。供應處的辦公室，在國際局機房三樓，沒有窗戶，且樓層中間有圓柱，當時因地制宜，所以辦公用的電腦是圍繞圓柱來放置，造成辦公桌呈現成群散落在四方的情況。

在處務會議時，我勉勵所有同仁共同努力，並詢問大家有什麼問題？而他們一致都要求有電腦房。於是，我和各科長商量辦公廳的改善構想後，上簽呈請總局長准撥隔壁總務處的小倉庫做為電腦房，並購買六個矮櫃隔離出通道。

接著，將電腦設備搬進小倉庫，以小矮櫃分隔兩邊做出中間通道，再放置由退休同事胡家忻兄贈送的盆景，辦公室內各科同仁辦公桌均面向中央通道，整體氣象煥然一新，士氣高昂。

建立物料管理電腦化

當看到供應處還在使用會計帳務系統印製之材料月報表，我備感震驚！我心想為什麼不使用當時與亞東聯誼會技術合作的材料電腦化系統，深究其原因，原來是這套系統「水土不服」，於是決定自行開發系統，將成員分作兩組：一組為系統分析，由各科、各局，調供應老手，共同分析作業流程。另一組為寫程式，請吳美珍、廖坤銅、林泳同、邱碧珍、鄭榮貴、黃建彰等年輕精英擔任，更特別拜託數據所長賈玉輝，在數據所開班訓練他們。這些成員都非常認真，還記得有一次吳美珍工作到忘記卜班，被鎖在電腦房。

訓練後，和數據所主辦蘇細及何狄林共同合作，並配合採購科長林春生、股長龔清鏐、陳冠雄等人，以原有dBASE中所作的採購、倉儲、小系統整合，眾人共同努力，半年先用雙軌，半年資料比對，一年後我們終於完成物料管理電腦化。

降低庫存材料

1986年前立法院質詢時，電信局總局長總會被問到一個問題：「為什麼電信存料數十億，有礙電信形象。」事實上，電信購料無論是工程用、維護用，交貨都進倉庫保管。而材料會計帳上卻也沒有分別註記用途。這也導致一個月後印出材料清單，資訊傳遞延遲，而倉庫存料大部分都顯示為工程料。

有鑑於這些缺失，我提出下列改善措施：

1. 劃分「工程用料」與「維護用料」，從請購材料開始要加註「P」工程用料，「M」維護用料。材料進倉庫也分別儲存。
2. 積極推動材料管理資訊系統。
3. 專案工程存料的追蹤，100萬以上兩個月未領用，每月列表清查。
4. 建議專案工程用料應改列為未完工程帳。

經過改善後，庫存維護用料為個位數。從此，沒再聽到材料庫存多的質疑。

採購數位式電子交換機

1987年4月交通大學校長郭南宏接任交通部長。(《天下雜誌第75期》的「人物特寫」專欄提到:「大多數和他接觸過的人,都說他『是個想做事的人』,被形容為『不諳官場規矩』。」)

有一天中午,劉總局長詩華吩咐我一起到交通部長室,報告採購數位式交換機的事宜。當時,部長郭南宏跟所有司長,邊吃油豆腐粉絲邊聽報告。

我當下提出建議,總局為執行電信現代化計劃及解決電話急迫需求,應立即採購第三批數位式電子交換機,擬仍依核定原則分區向國內三廠議價,並遵照立法院決議於議價文件中增列:三廠商應先與電信總局簽訂技術轉移合約,明定技術移轉項目、時間表及提供保證等事項。並將擬採購數位交換機用料總共111萬門的細部分配一併提報如下,並請部長鑒核賜准。

數位式電子交換機。

1. 北區02字頭38萬門,臺灣吉悌電信公司。
2. 北區02以外及中區36萬門,國際標準電子公司。
3. 南區(市話)25萬門、長途局、國際局12萬門,
   美臺電訊公司。

　　當天下午3點半,郵電司長王恩波來電,告訴
我們那些所報的公事已經呈報行政院,隔三天,
公文順利核准下來,而且是以最速件處理的公文
流程!

CHAPTER 8

按鈕電話機年代

　　按鈕電話配有一個按鍵式的撥號盤，上面有由高、低頻信號組成的0到9的撥號數字鍵，另外還有米字「＊」及井字「＃」等具有特定的功能的按鍵。按鍵是以三行四列的陣列，每一行或列，自身皆具有其特定頻率。行的音調頻率較高，列的音調頻率則較低。

　　所以當按鍵被按下時，就會產生由兩個不同頻率所組成的雙音調訊號，此二種頻率一個來自低頻率群組，而另一來自高頻率群組，所以這種技術也稱為「雙音多頻」。而這種技術中，由7個不同頻率的音調（3個行頻率＋4個列頻率）可組成4×3=12種不同的頻率組合。當用戶撥號後，話機將複頻信號傳送到機房的交換機，而交換機再轉

約在1980年代完成的按鈕電話機。

成對應號碼，決定其收容位置後，再振鈴給對方，此種技術適合一般住家、機關行號通信用。

電信總局工務處

副總局長李炳耀榮升總局長，他致電給我，提到原工務處處長姚品山退休，所以希望我去接任工務處長。

工務處在國際局大樓八樓，辦公室分成數間小房間，擺滿鐵櫃，阻礙視線且使空間狹窄。試想，若是辦公場所狹小，行走不便，造成工作交流的不便，難免影響工作情緒。所以，現代的主管最重要的任務之一便是創造一個讓員工樂於工作的環境。

美化工務處辦公室

我認為改善工務處辦公室環境的主要目的就是建立一個「視野廣闊、行走方便、清幽」的辦公場所。於是邀請各科室主管來商量改善辦公室環境的構想，並從中獲得大家認同後，再向李總局長報告工務處辦公室的概況，為創造讓員工樂於工作的環境，擬拆除隔間牆壁，成為大辦公廳，以及購置矮櫃、設置盆景做為中央通道，接著再整修燈光、粉刷天花板、購置小型會議桌，估算申請經費30萬，也獲得李總局長認可與批准。

為了不影響正常上班時間，所以辦公室的工程是利用禮拜六、日時間，趕工整修。最後，工程迅速完成，辦公室環境煥然一新，變化之大讓禮拜一來上班的同事，以為走錯地方。而後，各科長率先動手安排座位，面向中間走道，整理陳舊的鐵櫃，清除雜物，辦公桌都只留一部電話。以植栽綠化的辦公室，不僅美觀，同時視野廣闊，座位舒適，工務處辦公室也趁此時增加會客室。

　　後來，在交通部辦理所屬機構辦公室清潔比賽中，第一名電信是總局工務處、第二名則是電信總局供應處，這些都是我創新改革的。

機線外勤工作服的更新

　　三十多年來電信局外勤員工，一直穿著全套鐵灰色工作服，從未改變，常與線路承包商混淆不清，且員工反映工作服品質不佳，所以穿著意願不高。為鼓舞員工士氣，改進形象，我邀請各區管局所處長開會討論，在取得員工共識後，作出以下結論：
1. 一致同意改變樣式，由各區管理局提出樣本，全區投票圈選。
2. 由各區管理局自行採購。

　　1989年9月，北、中、南三區管理局都提出樣本，多數同仁都推薦南區管的樣本供全區的員工圈選，巡迴

1989年9月21日初步選定四套供各管局所屬單位員工圈選之工作服樣本。

1990年由全省員工圈選表決後預計啟用的新制服，淺灰色長袖襯衫搭配深藍色長褲。

各局所也請員工圈選，最後決定圖中這款上身淺灰色長袖襯衫，搭配深藍長褲的新式制服，一掃過去「鐵灰勞工」的形象。新穎工作服，淺灰長袖襯衫，搭配深藍長褲，自1990年啟用。

1990年後正式啟用新制服，線路維護人員穿著新制服，呈現嶄新氣象。

改良按鈕彩色電話機

1983年，我隨總局副總局長陳玉開，陪同行政院研考會長官考核國營事業，有一天，在臺中夜市看到路邊攤擺滿琳瑯滿目的彩色電話機，陳副總局長就告訴我們出產的黑色話機應該改進。

隔年，電信總局頒訂〈電話機供應廠商登記實施要點〉，內容要點有：
1. 製造彩色電話機5部送審合格者。
2. 審查合格話機每一類先購5,000部。

但實際情形是，採購的機型太多，品質不穩定，查修同仁反應現況不理想。中區電信管理局函報電信總局稱：「新裝電話機，用戶即報修，馬上要再換機，壞機堆積如山。」而工務處認為事態嚴重，緊急邀請總局相關單位、各區管理局、研究所商討應變對策。並請中區管理局報告實況，我與報告者林沂茂曾經在品管圈發表大會認識，我們想起了應用品管圈的辦法來解決。

於是，請林沂茂來當圈長，各單位的代表當圈員，共同來改善話機的品質，品管圈成員如下：
1. 輔導員：我、王永成。（工務處）
2. 圈長：林沂茂，為當時臺中「同心圈」圈長。（中管局）

3. 圈員
   (1) 營業處：王麗英。
   (2) 供應處：李長芬。
   (3) 電信研究所：張光燦、劉紹文。
   (4) 北管局：傅玉樹、陳建文。
   (5) 中管局：陳文治、陳岳宏、溫清德、陳東鑫、賴
       文發、張信中（同心圈成員）。
   (6) 南管局：孫堂霖、蘇金乾、曾文昌、胡枝福。
   (7) 配合研發製作廠商：東亞電器（股）公司、萬國
       電器（股）公司。

　　而本次所召集的管理圈的相關內容如下所陳：
1. 圈名：「統合圈」。
2. 主題：「改善研發TH-813電話機」。本電話機的改
   善係「統合」當時的電信總局相關處（工務處、營業
   處、供應處）。
3. 目的與相關事項：
   (1) 與北、中、南三區管理局及電信研究所的精英組
       成（品管圈QCC），以基層具現場實務同仁為主
       體，輔予電信研究所專精驗證與總局各處管理權
       宜，進行全面性的研發。故取名為「統合圈」，
       臺語「通好」（品質最好）的諧音。

按鈕電話機除了數字鍵、井字和米字鍵，另可見「插接」、「重撥」、「保留」三種不同功能的按鍵。

(2) 為追求一部高品質（耐摔、耐溫濕、耐髒污及高絕緣等）與客戶接受度高的顏色（耐看，自然綠、象牙白、吉祥橙）而且耐用年限達10年以上的電話機。

(3) 話機的名稱「TH」為「統合」音譯的首字TH意旨。另「813」中「81」所指研發年度為民國81年，「3」係指新增三項新功能鍵：插接、重撥及保留。

插接鍵	可提供作為用戶交換機（亦稱「專用交換機」，Private Branch Exchange, PBX）之子機用。
重撥鍵	撥最近撥通的電話號碼。
保留鍵	是將來話保留並提供遠端客戶呼叫正確需通話用。

4. 改善結果：

    (1) 換機後，話機故障率大幅降低。

    (2) 機型單一化，顏色少樣，查修人員車上備料簡單化。

    (3) 換機後，提升客戶的滿意度。

    (4) 材料庫料場，不再有壞機堆積如山。

      最後，與我一同擔任輔導員的王永成為我們這次品管圈給予面的鼓勵與回饋如下：「有關話機品質不良採購等相關業務，並不屬於工務處職掌。起源自於廖處長本身就是線路出身，充分體諒線路查修人員的辛苦，且不良話機拆回堆積如山，不忍目睹現有體制規格所造成的不良話機，遂就挺身出來號召跨全區性各相關部門，整合為統合圈來徹底改變現有不良話機的品質，自81年以來經歷三十年，至今TH-813話機仍存在，可見其品質的穩定性與可靠性，感謝當年廖處長的勇於承擔加上睿智的眼光，還要感謝林沂茂圈長所帶領統合圈成員，不眠不休發揮團隊合作精神，完成了至今依舊存在的813話機！特此致謝！」

規劃隨到隨辦

1989年7月，立法委員許國泰質詢交通部長張建邦，桃園申裝電話要等待半年，什麼時候才能「隨到隨裝」？院會議後，張部長便要求李總局長一個月內答覆，李總局長旋即指示工務處立即辦理。

於是我邀請總局企劃、營業、供應處、數據所、區管局、訓練所開會溝通，共同參與，發揮團隊精神，擬定下列事項：

1. 應正名為「隨到隨辦」較適合。
2. 依系統理論，除外在因素（如用戶本身因素、公共設施等）無法供裝、移機者外，應於七天內辦理。

線路工程發包制度圖。

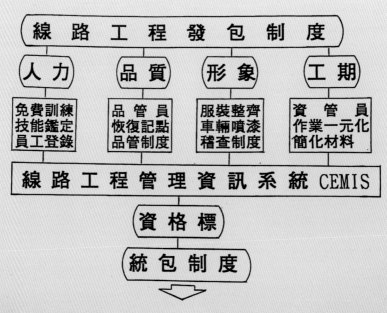

3. 建立線路工程管理資訊系統（數據所負責）。
4. 改善線路工程發包制度（工務處負責）。

　　「隨到隨辦」的初步理想方針雖已研擬出來，但現實能存在許多施行上的難處，於是我便整理出這些難處與解決方式：

▶ 問題1：人力不足，工作意願不高。
解決方案
(1) 免費代訓承商員工：交通部准免費代訓，登記644人，已訓460人。
(2) 舉辦許久未辦的技能鑑定。1989年8月由總局主辦，錄取319人。繼續將由訓練所定期辦理。

▶ 問題2：固定成本高
解決方案：調整合理底價，依行政院主計處物價指數合理調整基本工資。

▶ 問題3：人員游離
解決方案
(1) 技術員工登錄：建立線路資訊管理系統，舉辦作業說明會，通知承包商並溝通，登錄2,372人。

(2) 資格標：改革介入點。實施兩段標制度，先資格標，承攬額限制（135萬/人年）、技術人員、品管人員、資料管理人員。全區240部終端機線上作業，審查通過後再價格標。

▶ 問題4：品質控管

解決方案：品管人員的品質意識不高，所以須從「人」著手。

(1) 承包商應設置品管員，訂定「品管人員設置要點」，訓練品管員，已訓練19人，擬再訓練215人，未訓前，先登記技術士替代品管員列入資格標要件。

(2) 建立承包商自行檢查制度。

(3) 研訂「線路工程品質管理要點」，內容應包含：
   A. 品質管理與檢查並重。
   B. 訂立品質檢查規範。
   C. 訂立品管作業流程。
   D. 訂立檢驗項目檢查表。
   E. 全面品質控制及自行檢查。

▶ 問題5：獎懲不嚴

解決方案：

(1) 恢復記點辦法，修訂招商承辦實施要點考核條文。

(2) 稽查小組抽查，由各主辦單位及區管局臨檢小組嚴格執行。

由國內所培植的電信承包商。

(3) 全區一體執行，利用線路資訊系統管理，全區線
上作業，統一管理。

▶ **問題6：形象問題**
解決方案
(1) 服裝不整：提供承包商服裝費，於每一年工程標
案列入費用一次。
(2) 車輛老舊：提供車輛噴漆費，與每一年工程標案
列入費用一次。檢查全區工程，服裝一致、車輛
顏色鮮明。

▶ **問題7：苦候裝機**
解決方案：
(1) 預定施工日期，分上午、下午。
(2) 測量台預跳線作業，全區一致。

《工商時報》對於此次改善計畫的報導。

► **問題8：工期問題，如待料停工。**

解決方案：

(1) 簡化電纜材料種類。

(2) 地下電纜段長標準化。

(3) 擬工料統包制度：經過工業局、本局、電纜廠、
承包商、整合座談會，交通部已核准辦理。

► **問題9：資料不全**

解決方案：承包商應設置資料管理員，開辦資料管理
員訓練，報名184人。列為資格標之要件。

► **問題10：協調不易**

解決方案

(1) 調整組織架構：全區19個工務站，都規併當地電
信局。

(2) 推展區域責任制：協調規劃大臺北地區工務組織
的調整。

▶ 問題11：決算費時

解決方案：

(1) 改善工程底價編列方式。

(2) 簡化列帳方式，裝移機改列費用支出。

　　經過不斷的溝通、凝聚共識、共同參與、發揮團隊精神，新設資格標，是改革的介入點（Entry Point），幫助承包商塑造新形象，注重過程品管，確保線路品質，推展統包制度以促進垂直整合，推展組織整合線路作業一元化，可使隨到隨辦的作業順利進行。

　　1992年，我因工作表現特優，膺選為81年十大傑出電信人員，交通部特頒獎狀，予以表揚。

1992年（民國81年），我獲頒十大傑出電信人員獎狀。

行動電話機年代

1940年，摩托羅拉（Motorola）已為美軍製造手持式無線對講機，開啟行動通訊之先河。當時的無線電通訊設備非常笨重，即使號稱是「手持」，但包含無線電與電池，總重可達25公斤，故僅作軍用。1944年，出現第一個商用的行動通訊系統是安裝在計程車上的對講機，但真正為多數民眾所接受的，則是在1982年開始被使用的移動電話服務系統（advanced mobile phone service, AMPS）。

移動電話服務系統大致可分做好幾代：第一代行動通訊1G（1st generation）、第二代行動通訊（2nd generation, 2G）、第三代行動通訊（3rd generation, 3G）、第四代行動通訊（4th generation, 4G）行動通訊等。

第一代攜帶式行動電話——黑金剛。

1980年的臺灣正處於第一代行動通訊1G（1st generation）時期，屬類比式行動電話系統。（所謂「類比式」，就是把聲音訊號直接以調頻（FM）訊號的形式調變，與平時收聽的FM廣播原理相同。）1989年7月臺灣開放了第一代，以「090」為開頭號碼的行動電話。開辦初期，申辦一個門號大約要3萬元以上，手機則需6萬元以上，只有有錢人才買得起，所以就把持有行動電話的人叫做「大哥大」，之後乾脆把行動電話本身稱為大哥大，更有業者把「大哥大」當作為公司名稱。還有一種說法是：當時的港片在臺灣非常盛行，民眾常見到香港電影中黑道大哥或商業鉅子都手拿行動電話，所以就將其稱為大哥大。同時也因為機身多為黑色，機體笨重，所以臺灣人也習慣稱呼它為「黑金剛」。

1983年時，電信總局研擬引進的「車載式」行動電話。

1983年時，電信總局研擬引進行動電話，是車載式，叫做「汽車無線電話」。由於當時日本的資料顯示每100部賓士汽車裝1部行動電話，所以，臺灣擬建設8,000部行動電話工程，報請交通部核定，經過一段時間後，交通部又核定為20,000部。在辦理採購的時候邀請世界知名行動電話系統製造商摩托羅拉、西門子（Siemens）、易利信（Ericsson）等五家公開競標，最後由易利信得標。

1989年為臺灣開放的第一代AMPS汽車行動電話，分成固定式及攜帶式兩種，申請時要有汽車行照才具備申請資格，電話所有人必須與行照所載之車主為同一人。

1990年7月又因開放手持式行動電話機（黑金剛），導致待裝機用戶遽增，故中華電信公司陸續擴建門號應急，並公開招標行動電話22萬個門號。

長途電信管理局

　　長途電信管理局，簡稱「長管局」，是由有線載波段、微波段、長途交換機房綜合成立，負責全國長途通訊建設及維護，電話用戶並不在其職責範圍，與北、中、南各區電信管理局得按用戶數增加多寡來逐年調高等級職缺的制度，差異甚大。

　　1981年5月電信改組，裁撤臺灣電信管理局，成立北、中、南區電信管理局、長途電信管理局、國際電信管理局，被裁撤臺灣電信管理局人員大都留在臺北，並到長途電信管理局赴任，可謂人才濟濟。

　　1986年引進行動電話，長管局擁有無線技術人才，因此當時的行動通訊電話系統遂由長管局負責。第一期採購2萬個門號立即售罄，社會各界反應熱烈，用戶申裝踴躍，陸續擴充，直到第三期採購22萬個門號。

　　1993年7月，行動通訊系統採購，被不實指控貪瀆，交通部長劉兆玄電召長管局局長蒙志忠關切案情，同年8月23日蒙局長等7人被收押，10月間，相關員工14人被提起公訴，號稱電信史上最大弊案。

　　同年12月中，總局長陳堯來巡視電信人員升資考試閱卷，我跟總局長問好：「美國開會回來啦！」總局長說：「我一直都在想長管局要叫誰去。」我問：「要叫

誰？」他說：「就是你了。」我婉拒了。直到陳總局長第三次詢問，他致電告知我說：「交通部長已經批了，你必須接任長管局長。」

想到，電信總局前技術處長俞進一，被冤調南區管理局副局長，是無線電權威，曾任長管局企劃處長，學經歷俱佳，是最佳的伙伴人選，所以特別拜託他回來幫忙擔任副局長，共挑重擔。

1994年1月3日，長途電信管理局局長交接典禮非常低調，當我陪同電信總局前副局長金世添下樓梯時，他對我說：「你又入火坑了，要依法行事，看著辦。」

進到辦公室，看見桌子上有兩件紅卷宗，一是供應處提報不辦理行動通信系統採購，由總局辦理。處長翁啟喜是以前電信總局供應處的同事，所以請對方幫幫忙，把公文卷宗帶回去處理。另一件是視察室視察連署，提報不辦理行動通訊系統工程的驗收，其中盧瑞勳、江炳陽視察是以前微波工程的同事，也請他們幫忙度過難關。

激勵措施，穩定軍心

　　中華電信長途及行動分公司（簡稱「長通」前身為長途通信管理局）成立伊始，可謂倉促成軍，並未配合訂定各總隊合理化升級機制，而區分公司所屬各機構，因襲舊制，得按用戶數，逐年調高等級及職缺，水漲船高，沒有幾年長大如巨人，反觀長通各總隊不動如山，是永遠長不大的侏儒，情何以堪，只付出，沒回報，公司一半以上的營收均依賴長通，結果長通卻落得像小媳婦般，同仁陪我巡視，所見皆是眾人難掩不平，抱怨連連，我認為事態嚴重，必須改弦更張，劍及履及，有所因應。返局後至總局（改制前）開會，我力陳長通處境及必須調整職缺的原因，此時正逢電信升遷全面凍結，總經理呂學錦為當天主持人，面有難色，期期以為不可。

　　我為捍衛長通的權益，甘冒大不韙，「乾坤一擊」的拍桌，全場為之震撼，與會人員無不大驚失色，待大家回神，呂總脫口而出，長通派任解凍，基層主管員額酌辦。大功告成，返局後立即召開各總隊長及各處室主管，數次研商，拍板敲定，各總隊基層職務（股長級以下）名額，以不超過增設30%為度，分期調整職缺。

會中人事主任游旺枝轉述我在總局開會中大無畏的言行，與會人員無不動容。這一「拍桌」出來，日後也成為其他高階主管調侃我的話題，比如中華電信總公司副總經理李清江，也經常脫口而出稱我「才哥」問我今天要不要再拍桌，以為彼此間的小玩笑。的確，增加30%為職缺，各總隊員工無不額手稱慶，興奮莫名，組織氣候高深，士氣如虹，個個埋頭苦幹，力求表現，冀望於速獲得升遷，揚名立萬，以彰顯父母，蔚為風氣。

▶ 組織改造

因為嘉義區各項長途營運業務俱全，幅員適中，員工一向團結，希望先以嘉義區身先士卒來迎戰電信業務開放民間經營給中華電信帶來迫在眉睫的競爭威脅，為了要因應這個情勢，必須要調整組織架構，打破單位與單位間的藩籬，達到人力相互支援，靈活調度的目標。

正因為了解這樣的威脅的迫切性，所以我自上任後即使面臨諸多環境的險阻與艱難，仍毅然決然帶領著長管局朝著這個方向全力去做，推行區域責任制。長三總隊長李德慶對於我的決定也全力支持，由嘉義區先試辦區域責任制的目標。

1995年11月1日嘉義地區率先實施區域責任制，由工程師吳隆山兼任負責人。我十分重視此次項組織變革新措施的開辦，所以在公務繁忙之餘特地撥時間遠赴嘉義與員工溝通並加油打氣，希望新措施能順利推展並擴及本局其他工程總隊和轄站。

嘉義責任區試辦期間，為凝聚同仁共識及促進協調，舉辦茶會、座談會、區務會議，全員溝通說明會等共11次，多有具體決議，而且漸次推行中。成果如：
(1) 遷裝、維護工程自辦，由嘉義區各站人員共同參加。
(2) 傳輸機房有線、無線人員混合輪值。
(3) 配合合併輪值，排定有線、無線、交換互學「第二專長」之訓練課程。
(4) 成立各項小組推動共通性工作。
(5) 協調及統籌區內車輛、工具、空間、人力、活動等。

嘉義地區有員工近百名，40歲以下者占54%，大專以上程度占44%，整體來說，各站對於電信業之設計、施工、維護，只要有適當的輔助，應可勝任。同仁們的參與意願則有賴溝通、認知及制度上的配合。

1997年1月18日總經理呂學錦率同兩位副總經理謝俊明、藍龍波以及部分處室主管蒞臨長通分公司，聽取

我為他們所做的業務簡報後，便核准了長通分公司呈報的北、中、南特等營運處組織架構，對於各營運處設立的18個營運中心以及各級職務員額也完全同意。呂總經理給予長通分公司的「背書」，對於長通分公司進行組織整合，實施責任區制度，帶來了一股強大的推動力量。

將近百個工務站就所屬地區歸併為18個責任區，其責任區設置如下：

臺北營運處	臺北、板橋、基隆、宜蘭、花蓮、桃園、新竹的營運中心。
臺中營運處	臺中、豐原、苗栗、南投、彰化、雲林的營運中心。
高雄營運處	北高雄、南高雄、臺南、嘉義、屏東的營運中心。

1997年1月交通部核發6家行動電話執照，行動電話業務從此邁入競爭時代。為了事業的生存及永續經營，必須凝聚共識，結合團隊的力量，以新的組織型態，迎接新的挑戰。

1995年6月28日局務會議中我與13位服務績優員工合影。

獎勵升遷、勞逸結合

▶ 表揚績優員工

為激勵員工士氣、提升服務績效、增進營運效能，特別訂定「表揚服務績優員工實施要點」，規定每年辦理表揚一次，局本部與總隊將分別辦理。服務績優員工由局長頒發獎狀、致贈紀念品、公開表揚、會後由局長邀請餐敘。

各單位選拔的績優員工，均是每一個單位的菁英，不但工作認真，服務熱心，而且任勞任怨，表現優異，為電信同仁樹立楷模，可敬可佩。

1995年6月28日局務會議，局本部有13位服務績優員工由我頒發獎狀、致贈紀念品並公開表揚，會後再邀請他們餐敘。受獎人有游順德（設計處）、郭修智（傳輸處）、孫丙丁（通信處）、白玉聲（營建處）、龔清鏐（供應處）、楊家聲（勞安處）、張春

1995年，我與長一總隊績優員工合影留念。

惠（總務室）、張麗姿（會計室）、王盛雄（人事室）、陳長慶（政風室）、鄭金弘（企劃處）、李東興（行通處）、林秋論（交換處）等13人。

接著，長一總隊遵照上級規定，首度舉辦84年服務績優員工表揚，各單位推薦至為踴躍，經報奉核定29人獲得當選，受獎人如下：

一隊	莊炎爐、黃榮瀅、許重光。
二隊	劉進財、林進雄、陳國賓。
三隊	陳萬金、江金海、陳文祥。
四隊	張連宏、陳科斌、黎煥玉。
五隊	吳龍岳、賴啟文、何春森。

一科	陳耀順。
二科	王純明。
三科	蔡碧桂。
四科	謝元川。
勞安	周榮華。
人事	蔡麗雲。
政風	陳美霞。
會計	徐仁山。
載波	林萬福。
無線	葉明和。
交換	林利吉。
線路	鍾文騰。
行通	辛錦焜。
電力	林建男。

1995年7月26日，我與長二總隊績優員工合影留念。

而後，1995年7月26日長二總隊也接續迎來榮耀，經由各單位精挑細選所產生的服務績優員工，我也滿懷雀躍的心情南下為這群優秀的同仁頒獎，這20位服務績優員工名單如下：

一科	林啟川。
二科	陳淑美。
三科	郭政明。
四科	蕭成昌。
五科	何富雄。
會計	張越崎。
人事	范源鼎。

政風	張德俊。
有線	張建東。
無線	揚振興。
交換	賴世昌。
線路	王啟桂。
行通	鍾鴻章。
電力	張健男。
一隊	邱榮坤（一隊）。
二隊	顏誠一。
三隊	陳中和。
四隊	卓俊添。
五隊	張福庭。
長一總調入	林健男。

20位服務績優同仁一一從我手中承接了象徵榮耀的獎項。頒獎後我也在東勢鎮客家小館設宴招待，席中大家舉杯共歡，相約為未來電信事業打拼。

在長一和長二總隊頒獎的期間（即1995年7月5日），我也參加長三總隊擴大隊務會議，會中公開表揚84年度22位服務績優員工，名單如下：

會計	楊錦雲。
政風	吳珠芳。
人事	趙秀珠。
一科	林有川。
二科	張敬雯。
三科	李條瑞。
四科	陳同喜。
有線載波工程司	吳春燠。
交換工程司	林仁洲。
線路工程司	李明枝。
電力工程司	陳昱綸。
行動通信工程司	陳德明。
第一工程隊	蕭麗貞、陳竹陽。
第二工程隊	林金洋、張琨山。

1995年7月5日，我與長三總隊績優員工合影留念。

第三工程隊	陳永昌、吳崑彬。
第四工程隊	王滋義、紀文琨。
第五工程隊	李昭和、蘇威克。

　　當日，我在會議中也贈送同仁紀念品並頒發績優員工獎狀。之後也在中午宴請受獎員工及參加會議同仁，慰勉他們努力與辛勞的付出，並與同仁閒話家常。此次選拔的績優員工都是每一個單位的菁英，不但工作認真服務熱心，而且任勞任怨、表現優異，為電信同仁樹立楷模，可敬可佩。

▶ 改進人員升遷辦法

我認為：「一個機構的內部可否凝聚力量，形成一個強大的戰鬥體，跟這個機構是否有一個公平、公正、公開的人事升遷評量辦法關係至為密切。」自從我接任長途電信管理局長之後，便指示人事室游旺枝主任要積極研擬、訂立周全的人員升遷評量辦法，並指示人事室要落實考核，希望能拔擢更多優秀人才升任各職階主管並切實執行職務。

我也曾多次在許多公開場合說，從我到任兩年多以來，從無一人憑藉關說獲得倖進的機會。許多受託為人進行關說的民意代表，都知道長通分公司的作風。

實施兩年後，我認為這套人員升遷評量辦法還是不夠周延，所以再次要求人事室修訂。經過辦理公聽會，由各單位代表公開討論後，這套新的人員升遷評量辦法業已出爐。

新版本將原定的「綜合考評」再細分為「綜合考評」、「績效考評」和「個性考評」三項，具體施行內容如下：

1	綜合考評	又分為負責合作、專業知識、領導協調、發展潛力和品德操守五個子項，每個子項配分最高5分。

2	績效考核	又分為目標達成、工作效率、工作負荷、工作品質和改革創新五個子項,每一個子項也是配分最高5分。
3	個性考核	分為公正性、包容力、勤勞性、主動性、穩定性、社交性、積極性、適應力、忍耐力和親和力10個子項配分最高1.5分。

▶ 以歌聲凝聚團結

我喜歡音樂,也相信歌聲是具有力量的,因此上任以來「以歌聲塑造形象,以歌曲凝聚心力」是身為「愛樂者」的我念茲在茲的理想之一,所以我在1995年的五一勞動節於長管局首創「卡拉OK團體合唱比賽」。

比賽時,除各處室共組14隊競唱外,較特別的是的是由局長、2位副局長及各處室主管所組成的14人「示範隊伍」,在毫無預演情況下,同仁因長久因工作上培養了深厚的情誼與默契,在當時唱出十分和諧動聽的歌聲,既為其他參賽隊伍消除緊張情緒,也掀起上下一致共「唱」未來的高潮!

比賽貴在過程而不是結果。很多平時不常往來的同仁，藉由合唱，需撥出時間湊在一起練習，共同學習培養默契，以此化解彼此間的冷漠，同時打破隔閡，增進感情、促進團隊和諧，這才是我創辦「卡拉OK團體合唱比賽」的最大意義！

第四屆卡拉OK團體合唱比賽，在全局熱烈參與下，於1998年5月1日上午9點隆重登場，過程緊張刺激，氣氛熱烈融洽，充分展現長通分公司「團結、和諧、創新」之優良傳統與文化。

首先由我領軍之示範隊，以〈春夏秋冬〉、〈感恩的心〉為比賽揭開序幕，嘹亮和諧悅耳歌聲，除了可以拉近同仁之距離外，更能為參賽隊伍的情緒暖身。

最後，比賽在熱情的掌聲中落幕，給我們留下的是同仁珍貴的情誼和團結的體認。大家在競爭壓力下，相互學習培養默契，如同我訓勉我自己和鼓勵同仁的一句話：「隨時掌握自己，調適自己，以最佳的準備，作適時、適當之呈獻。」進而融入團隊合作，以迎接未來新挑戰並爭取最好的績效，這是舉辦這次比賽的精神所在。

第四屆「卡拉OK團體合唱比賽」中示範隊伍的精彩的表演。

第四屆「卡拉OK團體合唱比賽」留影。

▶ 自強活動放鬆心情

1996年3月28日到30日長管局和長一總聯合舉辦墾丁旅遊自強活動，當時計有128人參加。晚間在墾丁青年活動中心，大夥聚集歡度墾丁之夜，舞台上方掛有紅底白字「長管局自強活動墾丁之夜」的布條。

我在當時的活動現場向所有參加的同仁鼓勵：「電信局即將於1996年7月1日改制，成立中華電信公司，而長管局將改制成長途及行動通信分公司，隨著多項業務的開放，將要面對外界的競爭，希望大家要拿出以往為事業全力打拼的精神再創新，多充實自己，才會有美好的未來，也希望這次所有同仁和眷屬們藉著這次的休閒活動充電，再回到工作崗位上全力以赴。」

1996年12月6到8日，長途及行動通信分公司舉辦奧萬大賞楓之旅自強活動，同仁的報名相當踴躍，經過抽籤後，雀屏中選者計有146人。在參觀完萬大水力發電廠後，隨即進入奧萬大森林遊樂區歇息，山莊、小木屋的裝潢質樸典雅，雖然當天天氣寒冷，但晚會中舒適的場地與愉快和諧的氣氛，卻讓人倍感溫馨，此次活動就在卡拉OK歌聲及摸彩的歡笑聲中愉快地落幕。

1997年青年節放假兩天，長通分公司再次舉辦宜蘭明池知性旅遊自強活動，報名同樣也相當踴躍，由原定

晚會活動留影。

2輛遊覽車增為3輛，參加員工及眷屬共計128人。當
天雖然下著大雨，但並未減低大家高昂的出遊興致，
每個人都精神抖擻，進入遊樂區內所見是佈置雅致的
山莊和小木屋。晚餐後在山莊自行佈置的餐廳中舉辦
晚會，當時我也為大家獻唱歌曲，同仁們在卡拉OK
歌聲、摸彩尖叫聲及「比手畫腳」、「超級比一比」
等遊戲歡笑聲中，愉快地完成此次出遊。

其後，1998年5月9日，長通分公司及臺北營運處的同
仁們懷著一顆興奮的心坐上遊覽車，朝著北宜公路展
開花東四天之旅的聯合自強活動。同年5月10日，來
自臺北、臺中、高雄的長通人，在花蓮兆豐農場相見
歡，三百多人齊聚一堂，盛況空前，當時舉辦的「兆
豐之夜」聯合自強晚會，也將整個活動帶至最高潮。

行通分公司聯合自強活動

長通分公司全體參加同仁於農場草皮拍照留念。
（攝影／江慧芳）

▶ 長途訊息

1994年3月電信總局局務會議中，總局長陳堯勉勵同仁務必要相互溝通，像是單位與單位間溝通，又或者是主管與部屬間也要不斷溝通。溝通不良的問題當然不只是臺灣電信機構才會發生，據說日本的電信電話（Nippon Telegraph and Telephone Corporation，簡稱NTT）曾經請專家顧問幫他們評估公司內部溝通的成效，結果顯示，上層的指示從總社下達支社，再到達一般員工居然要花上半年的時間！總局有鑑於此，故訂定辦法，希望類似的情形能在四天內完成。

曾經擔任美國紐澤西貝爾電話公司（New Jersey Bell Telephone Company）的總裁巴納德認為「溝通」是管理工作中最重要的因素，主管人員應注意並且有效地建立溝通管道，必須把人員導入於「合作的關係」，激發人員對於組織的認同，制定並界定組織的目標。

我剛到長管局看到《長途訊息》的刊物，認為它是很合適的溝通管道，但聽說《長途訊息》即將停刊，主要是因為各單位輪流編輯，內容偏向技術專題，所以大家認為是負擔，興趣缺缺。為了改善這個問題，於是請總務室簡平丁主任及公關科主任彭瑞雄共同商量，如何將《長途訊息》發

展成最佳的溝通管道，最後決定將它定義為大家共享的刊物，由大家投稿、報導長途新聞、政令宣導、人事動態、介紹新知，內容精簡，彩色印刷，希望能為大家所喜歡，並請總務室負責，由公關科彭主任來擔任主編，之所以委請彭主任來當主編的原因是，從前我到長管局後第一次主持局務會議，就是他主動整理會議記錄內容並將其刊登於《長途訊息》上，而我發現彭主任的文筆非常好。

「1997年5月號的《長途訊息》沒有收到？」同仁們頻頻向公關科查詢，甚至還有人親自到公關科申請補發。同仁們的熱誠與關心著實讓負責編務的我們好生感動。我們原本以為同仁們在看過《長途訊息》後就拿來墊便當的，沒想到還有這麼多同仁費神按期去收集裝訂。對於同仁的疑問，我們的回答是原來在月底預定發行的那一期，將會被改為6月號，就是那麼簡單！至於為什麼要這樣改呢？理由是，一般雜誌的發行人都喜歡讓讀者在月初之前收到當月份的刊物，而原本的《長途訊息》卻反其道而行，在每月的月底才發行當月的刊物。雖然1997年少了5月號這一期，但是同仁們還是每隔30天就會收到一期（這一點可以證明我們沒有偷懶！）由於《長途訊

息》標榜的是新聞導向的刊物，所以「新」聞對《長途訊息》是特別重要的，如果讓同仁在月底收到當月份的刊物，感覺上就像讀「舊」聞一樣，所以這就是我們想要改變的，讓同仁在每月月初可以看到最新的當月相關訊息。

1995年在電信總局7月份的局務會議中，總局長陳堯向與會的八大局所首長以及其他高級主管公開稱讚長管局，他說：「長管局同仁擔負行動通信建設的重任，自廖局長以至於基層作業同仁背負了外界的殷切期待，並在『大哥大案』陰影的雙重壓力下，莫不謹慎從事，而且更兼顧了效率，終能不負眾望，在日前順利開放通話，實為我全體電信同仁之驕傲！」

第**24**期
中華民國八十四年八月出版
一塊屬於長途人耕耘的園地
編印／長途電信管理局
電話／(02)344-2826
承印／巨光設計印刷股份有限公司
電話／(02)754-9656

長途訊息

陳總局長嘉勉長管局同仁：

GSM 已交出一張漂亮成績單，仍須戮力其他重大建設

三萬六千多名電信員工的大家長——陳總局長堯

在電信總局七月份的局務會議中，總局長堯向與會的八大局所首長以及其他高級主管公開嘉讚長管局。他說：長管局同仁擔負行動通信建設的重任，自管局長以至於基層作業同仁背負了界的殷切期待，並在「大哥大案」險些體重壓力下，莫不謹慎從事，而且兼顧了效率，終能不負眾望，在日前利開放通話，實為我全體電信同仁之。他接著以本案為例，勉勵全體仁不能抱有「不做不錯」、「多做多」的鄉愿心態。他說：「不做是大錯少做還是錯，大家應該在多做的過程學習經驗，在一切制度化、透明化，法合情合理，坦蕩蕩、無私無我的去，任何困難都可以迎刃而解，而且也有什麼好害怕的」。

所有的與會者都能夠強烈的感受到總局長選在這個時候為長管局打氣，一方面為是長管局如期完成了一項金額最大、工時最短而作罪序最為嚴謹的行動電話系統第一期工程而感到欣慰，另一則是為了長管局在啓用典禮當天所受到某立委的評譏而抱。那位立委以貴賓的身分應邀參加七月十日舉行的GSM行電話啓用典禮，卻在致辭時根據一些失實資料遽下論斷，說GSM系統未真正完工便行啓用，純粹是為了要實踐不跳的承諾而已，而未來的通話品質可慮云云，甚至還虛構有人收受廠商的好處。在電信局「辦喜事」的場合說出這類捕風影的話，實在叫全體電信員工為之氣結。但來者是客，厚道電信人也著實拿他毫無辦法。不過，陳總局長在請示主持典劉部長兆玄之後，依據事實即席予以駁斥，會場內外的電同仁聽了之後立即報以如雷的掌聲，此時積壓在全體電信員，尤其是長管局同仁胸中的鬱悶之氣才得到了宣洩。

局務會議中，陳總局長給予長管局高度的肯定之後，接著為沉痛的心情指出電信局內部存有害羣之馬。這些人為數多，卻帶給電信局極大的傷害。他說，根據反映，少數同仁廠商往來過於密切，已超過了洽公應有的分際，甚且與廠下的交際「濃得化不開」。這些人或是為了升遷不遂，或是為了個人的利益，暗中將電信局的內部資料提供給別有用心的或是民代的助理，而民代卻因不甚瞭解工程合約的內容或

技術規範，而將這些資料作了錯誤的解讀，終於成為他們所宣稱的「握有電信局弊端的第一手資料」。陳總局長強調，這種不良現象如果不能適時予以導正，勢將對電信局的令譽造成嚴重打擊。試問，全心投入工作且勇於擔當的工程主管，由於受到黑函的攻擊，在獲悉明天將有寫不完的報告，甚且要受到傳訊的屈辱時，他又如何能在今夜孜孜不倦的工作到深夜呢？在此情況下，整體的士氣又要如何提昇？光是行動電話一到六標就有這麼多事發生，假定有一天法院判決涉案同仁無罪，那麼這兩年來行動電話建設超越別人事實又是誰之過？所以，陳總局長語重心長的規勸少數被人利用，意圖傲倖的員工能及時悔悟，回頭是岸，與同仁共同打拚，要不然請他們及早離開電信，因為接下來GSM行動電話系統還有第二期、第三期工程要做，以後也還有更多的建設要持續推動。「這次我們遭遇到了困難，也學會了經驗。如果他們還是執迷不悟，我有決心在短期間內將他們給揪出來。」陳總局長以堅定的口吻這樣說。

陳總局長這次談話的重點是擺在希望同仁能夠勇於任事上面。他娓娓的將就任兩年又四個月以來的心路歷程加以剖析，令聽者全都屏息靜氣，但仍舊感染了他那無可抵擋的親和力。他說，一到六標喧騰一時，第七標又要他去宣布廢標，在公聽會場上跟那些委員週旋的經驗的確令他難以釋懷。最後以發展GSM系統作為取代。施工期間穿梭南北，到各個工地視察，看到長管局各部門的工程人員都在兢兢業業的賣力工作，他為他們打氣，也跟他們一起用餐，眼看工程完工了，竟然又再發生有被人詆毀的事，的確令人扼腕！ISDN當時也遲遲無法開標，現在也決標了，新業務也推出了。IN也一樣，當時為了是否要開國內標而僵持不下，如果沒有擔當，屈服在壓力之下，那麼將來也設備豈不是要變成一堆廢銅爛鐵？他強調為了增強電信事業在自由化之後的競爭力，上下都要秉持無私無我的精神和衷共濟，如此方能奠定我電信事業永續經營的基礎。

（水尾）

1995年8月出版的《長途訊息》所刊載的內容。

《長途訊息》所刊載的其中一段內容：「GSM
（Global System for Mobile Communications，
全球行動通訊系統行動電話，又稱『泛歐式行動
電話系統』）品質改善工作，含擴建基地台、調
整系統參數、微調天線等，在全體同仁不眠不休
日夜趕工下，終於交出一份『通信品質大致有
改善』的成績單，雖然成績不是很高，但是全體
同仁盡心盡力、全力以赴的心意確實讓人十分肯
定。」讓全體同仁知道努力付出是有被看見及肯
定的，有正面的鼓勵，才能有更好的進步與發展
空間。

《長途訊息》在大家的努力改進與重新調整後，
搖身一變，從原本乏人問津成為全體同仁每月引
頸期待的刊物，更重要的是，同仁們願意花時間
閱讀的行為，使這本月刊更是成長官與下屬，同
仁與同仁溝通最好的管道。

中華民國八十七年
7 月號

編印／長途及行動通信分公司
電話／(02)2344-2825
承印／巨光設計印刷股份有限公司
電話／(02)2754-9656

長途訊息

呂總經理：長通分公司的同仁，你們辛苦了！

這一階段GSM行動電話品質改善工作，含擴建基地台、調整系統參數、微調天線等，在全體同仁不眠不休、日夜趕工下，終於交出一份「通信品質大致有改善」的成績單。雖然成績不是很高，但是我們的確盡心盡力，全力以赴。

郝部長期勉我們，面對競爭的環境，希望繼續以電信總局評鑑第三年的品質標準，本著實事求是的精神、永續經營的態度，提供客戶最好的服務。所以我們應該再接再厲，繼續努力，以下提到的是幾個重點方向，希望與長途及行動通信分公司同仁共勉：

* 涵蓋不良地區須再加建基地台或作調整
* 網路優化、正常化工作須加緊有系統的推動
* 提升客戶滿意的措施須要落實
* 如何讓等待已久的客戶早日獲得服務，也必須辦理網路正常化、優化工作，希望每兩週檢討一次進度
* 090 AMPS所需專線和DCS1800第二期建設所需專線每週應提報一次進度

經營行動電話是這麼的活潑，是這麼的具有挑戰性，我們宜以愉快的心情迎接挑戰！

《長途訊息》所刊載有關段GSM行動電話品質改善工作的內容。

1994年3月「GSM行動電話採購規範公開說明」概況。

建設泛歐數位式行動電話系統

　　臺灣行動電話成長率快速，為世界先進國家所罕見，社會民眾對行動電話之需求亟亟，為了解決行動電話門號不足問題，同時避免現有類比系統轉數位系統介面的問題，再受廠商牽制，電信總局決定改採取「泛歐式行動電話系統（GSM）」。

　　在GSM行動電話採購規範公開說明時，總工程師陳百氣提出，此次採購的泛歐式數位電話系統（GSM）門號達50萬門，規模是全世界最大。為公平起見，將採用國際標方式招標，只要是國外廠商具有GSM設備製造及系統整合經驗，並擁有銷售實績皆可參與；而本土廠商因尚未具有GSM的開發經驗，需由具資格的外商背書參與投標。

1994年7月8日舉辦的標購案工程規模龐大，吸引不少世界知名行動電話系統製造商參加競標，包括：臺灣吉悌（由SIEMENS及MOTOROLA提供設備技術）、瑞典易利信、臺灣國際標準電子（由ALCATEL提供設備技術）、加拿大北方電訊（亞洲）、美國電話電報（臺灣）、及德國ANT等六家公司，在中央信託局公開國際標，出席監標者為：交通部、電信總局、長管局、審計部（未派員）。

　　中央信託局當場詢問投標者有沒有意見，沒有意見後、經開標結果，由北方電訊（亞洲）公司以些微優勢得標。由於競標激烈，部分未得標商因此藉故陳情抗議。為此，我受到當時的交通部長劉兆玄召見，並與他報告開標的情況，並告知如果訴訟，律師認為約有八九成的勝算。但部長認為，電信是廠商的衣食父母，應不至於步入訴訟的流程。

　　始料未及的是，未得標廠商藉故持續陳情抗議了兩個多月，當時的交通部次長毛治國也對事件十分關切，也曾詢問是否有後續消息，總局長陳堯也急欲商討。為免時間一再拖延，長管局發公文請中央信託局照程序辦理，宣布決標。最後，本次系統標購案於1994年7月8日開價格標之後，歷經兩個多月才發決標通知，工程執行計劃也因而往後順延。

視察施工範圍時彼此交流意見。

▶ 全力施工

　　1994年9月20日，得標廠商北方電訊公司身負重任，加速趕工，即使年節假期也不休息，而長途電信管理局三個工程總隊也密切的配合，預計1995年5月先完成第一期臺北、臺中、高雄等三大都會區及高速公路沿線的網路建設，開放20萬個門號，供應市場的需求。

　　總局長陳堯因極度關切此項列管的重大工程建設，亦馬不停蹄的由南到北，到各個工程總隊施工範圍內視察。由於承包商及各工程總隊緊密的配合，各項工程的進度極為順利，眾所期待的北方電訊公司行動電話新門號，最後得以如期供應市場需求。

總局長陳堯視察GSM行動電話工程。

1995年7月10日，時任交通部長的劉兆玄在泛歐數位式行動電話
（GSM）業務啟用典禮上致詞。

▶ 啟用典禮

　　泛歐數位式行動電話（GSM）業務啟用典禮於1995
年7月10日下午2點，在國際電信管理局文康中心盛大舉
行。典禮由當時的交通部長劉兆玄親自主持，加拿大駐
臺北貿易辦事處主任弗雷特、行政院第三組林組長、立
法院交通委員會數位委員和業界代表都以貴賓身分應邀
出席。典禮開始，劉部長致詞：「國內行動電話的需求
量非常大，成長也很快，缺號發生至今已累積有20多萬
的申請案，電信局在市場的殷切期盼下，從規格制定、
招標、驗收到完成啟用無不戰戰兢兢小心從事，今天能
有這初步的建設成果呈獻給社會大眾，都是電信同仁日
以繼夜辛勤努力工作的結果。」

劉部長先以AMPS（移動電話服務系統）手機撥電話給當時的高雄市長吳敦義。兩人的對話透過擴音設備，現場的來賓及電信同仁都聽得非常清楚。吳市長稱讚GSM是最先進的通信產品。結束通話時吳市長還不忘向劉部長「關說」：「再兩個禮拜我們要做一個有關運研所（交通部運輸研究所）的簡報，麻煩你交代一下好不好？」引起會場哄堂大笑。接著，再與臺中市長林柏榕通話，林市長也誇讚通話的聲音非常清楚，並誠懇的邀請劉部長及在場來賓到臺中去「玩」。最後打給臺北市市長陳水扁時，陳市長特別感謝交通部推出這項新業務，解決臺北市民「一號難求」的困境。

　　劉部長和三大首都的市長通話完畢後，電信總局提供了十餘部手機讓來賓及媒體記者試撥，大家都對這個嶄新而又輕巧的通信寵兒留下了極為深刻的印象。

台北市長陳水扁先生

台中市長林柏榕先生

高雄市長吳敦義先生

劉兆玄部長和三大首都的市長通話時留下珍貴的紀念照片。

GSM行動電話國際漫遊

　　GSM行動電話第一期開放20萬個門號，不到三個月內用戶數即超過15萬戶，引起全球電信經營者的驚嘆與讚佩。在1995年9月於希臘召開的GSM MoU聯盟32次會員大會上，我國的出席代表—長途電信管理局副局長俞進一及工程師林國豐等人馬上成為會場上風頭最盛的人物，各國代表紛紛探詢與我國進行國際漫遊的可能性，其中土耳其、愛爾蘭、挪威、德國、馬來西亞、澳大利亞等國的態度最為積極。長途電信管理局為處理嶄新的GSM國際漫遊業務，特成立由俞副局長領軍，包括由企劃、行通、通信、會計、秘書、法制、設計等單位人員及研究所相關專家組成的專案小組，積極辦理各項準備事宜，包括規章、資費、網路、C7電路、帳務、會計、協議書、新服務、宣導、測試等。由於專案小組全體成員的努力，各項作業大體均能順利推展，而總務室也大力支援有關國外來賓之接待事宜。

　　GSM用戶隨身攜帶插著用戶識別卡（簡稱SIM卡）的數位式行動電話手機，即可在世界各個相同的GSM系統中發話及收話，享受國際聯網通信的便利，而這項業務被稱為「國際漫遊（International roaming）」。

1995年3月8日我代表長途電信管理局與香港電訊CSL公司董事伍清華共同簽署「國際漫遊服務意向書」。（攝影／蕭振茂）

　　1995年3月8日上午，我代表長途電信管理局與香港電訊CSL公司董事伍清華共同簽署「國際漫遊服務意向書」。開啟GSM系統行動電話通訊業務提供越洋服務的新紀元，各電視台及平面媒體紛紛派員採訪並做詳盡的報導，為電信史上嶄新的一頁，作了最好的見證。

1999年2月23日所舉辦的「歡欣鼓舞慶百網」慶祝茶會，
我與同仁共同留影紀念。（攝影／楊經輝）

　　　　1995年11月30日GSM行動電話國際漫遊業務正式
開放，臺灣與新加坡及香港間GSM行動電話國際漫遊業
務。啟用典禮於當天下午2點在國際局文康中心舉行，
由交通部劉部長兆玄及電信總局總局長陳堯，在臺北與
新加坡電信總裁李顯揚及香港電訊總裁張永霖，以視訊
會議方式分別使用新加坡及香港的GSM行動電話用戶識
別卡掛發行動電話，達到國際漫遊的效果，開啟臺灣提
供世界性行動電話服務的新紀元。有多家電視廣播及報
紙等新聞記者到場採訪，還邀請到局內外貴賓包括已退
休之電信前輩等數百人參加，場面盛大且隆重。

　　　　劉部長在致詞時對電信總局籌劃開放國際漫遊業務
經過十分繁複與艱辛的過程，表示慰勉之意。電信總局
為開放此業務投入相當多的人力及時間，才能在GSM行

動電話開放後短短四個月內順利提供這項眾所矚目的業務，工作效率可謂達到國際水準，值得稱許。

1999年2月23日是長通分公司值得慶賀的日子，中華電信開放與馬其頓行動電話國際漫遊業務，使與我們在漫遊服務的簽約國家總數達到66國100網。當天下午，我們特別舉行「歡欣鼓舞慶百網」茶會慶祝，由我擔任主持人，協理俞進一、協理林仁紅、處長石木標及先後負責國際漫遊業務同仁，被我們戲稱掌門人第一代林國豐、第二代徐珍煊等人、各處室首長、漫遊業務全體同仁等共襄盛舉，同沾喜氣。

1995年11月1日，長途電信管理局與新加坡電信集團總裁李顯揚簽署國際漫遊協議，並參觀本局機房，晚上聚餐後，卡拉OK歌唱餘興節目，李總裁顯揚高歌二曲，中華民國頌及東方之珠，餘音繞樑，印象深刻。

與新加坡電信集團總裁李顯揚一同參觀長途電信管理局機房。

險成第二次大哥大冤案

1996年6月GSM行動電話系統建設，積極施工中，卻突然看到新聞報導長途電信管理局行動處處長向廠商索賄，經查詢後確認絕無此事，但報導變本加厲，各台電視也競相報導，甚至向調查局檢舉，媒體來勢洶洶，很像1993年7月大哥大弊案的翻版，這也引起交通部、電信總局高層主管的非常關切。

據說主角是誣陷大哥大弊案的同一個人 —— 現任立法委員陳朝容的助理。

當時有一件新聞，讓我印象深刻，就是臺中市某一派出所分局員警，對某一件事情處理不滿，要求改進並揚言如果未見改進，將連署百名員警退出國民黨。

有一天，我在晨泳時想到，立法委員陳朝容，正要尋求國民黨提名連任，希望他勸說助理，撤銷向調查局的檢舉。當日上班時立即向總局長陳堯報備。上午10點半時，交通部主任秘書致電來詢問，下午5點，當時的立法委員曾振農致電總局長室，要我們在晚上8點到曾委員會館。

總局長陳堯、俞副局長進一、處長徐永德、科長張宗彥和我，準時到曾委員會館報告，我們和曾委員提到，大哥大冤案對電信局傷害極大，身為電信局第二軍的我們正在收拾殘局，沒有料到，最近電信局又被人誣陷，經報紙、電視競相報導，並向調查局檢舉，猶如大

哥大冤案的翻版，而背後的始作俑者據說是現任立法委員陳朝容的助理，電信局不堪再受不實的流言及輿論傷害，希望曾委員幫忙告知陳委員，並請其勸說助理撤消檢舉，否則，將有黨員6,000餘人連署，要求國民黨不要再提名陳委員連任，並打算退出國民黨。

曾振農委員提到，陳朝容委員是玉山會（國民黨次級團體）成員，他的叔叔是彰化農田水利會總幹事，妻子游月霞也是立法委員，不怕沒有提名。後來，曾委員又提到他與當時的法務部長廖正豪是好朋友，剛剛還一起吃過晚餐，可以馬上請他來共同商討。

當日晚上9點半廖正豪部長到達曾委員會館，聽取我們的報告，我們懇求廖部長撤銷在調查局的檢舉案，並承蒙廖部長允許回去辦理。到了11點，我們離開會館時，突然看見閃光拍照後那部車子就急速駛離，這讓我們感到驚訝，媒體怎麼會知道我們在開會？

翌日，電信工會要在臺北開會，臺中分會準備「戰車」（工程車裝飾），到臺北來支援。我將昨天晚上的情形向他們報告，謝謝他們的好意。

在此深深地感謝，各地的好朋友，鼎力相助，連署6,000餘位，成為我們最大的後盾。更感激立法委員曾振農，法務部長廖正豪，親民愛民，即時解救，化險為夷。

興建長途通信大樓

▶ 建長途通信大樓計畫始末

1986年9月長途電信管理局呈報總局「擬興建長途通信大樓，一半電信總局用，另一半長管局使用」。當時電信總局已經規劃興建電信總局大樓，立即函覆：

(1) 准興建長途通信大樓自用。

(2) 停車場地下三層，宜全面開挖。（據說總局長陳玉開曾經向長管局企劃處長俞進一提起金山南路愛國東路口這一塊土地，適合興建長途大樓。）

1994年1月，我和俞進一兩人調到長管局來，長途通信大樓亟待興建，特別拜託總局長陳堯，容許正在負責興建電信總局大樓的工程師梁丕洲，來長管局推動長途通信大樓的興建。

1996年4月2日臺北市政府都市發展局召開「第10次都市設計及土地使用管制審議委員會」，代表長管局出席之梁丕洲處長，據理力爭，終於獲得「主體建築部分可先行准予審議通過，但微波鐵塔部分，避

當時預計興建的長途通信大樓的興建模型。

1997年11月3日，董事長陳堯、總經理呂學錦與我，
以及電信長官及承商公信工程潘董事長、建築師等12
人拿起圓鍬，完成開工動土儀式。（攝影／蕭振茂）

免對中正特區造成視覺衝擊，應再詳加研擬替代方案
審議」。當時的交通部部長蔡兆陽與次長毛治國，到
愛國東路國際局的停車場，查看興建交通部大樓的用
地，也看中金山南路愛國東路口那一塊土地，於是到
電信總局長室商洽，總局營建處長林古樹來電，我立
即到總局長室，與蔡兆陽部長報告：「那一塊地已計
劃興建長途通信大樓，建照已申請。」

1997年9月19日長途通信大樓建築主體工程，由工信
工程公司以新臺幣9億8千6百萬元得標承建，並由大
宇建築師事務所監造。

1997年11月監察院糾正中華電信長途行動分公司辦理
「臺北長途通訊大樓新建工程」自1986年計劃核定迄

上樑典禮合影留念。（攝影／蕭振茂）

今，拖延十一年之久，迄未動工，有效能過低及未善盡職責情事，另中華電信未本於主管機關立場，嚴加督導，均有不當」案。交通部蔡兆陽部長請我到交通部與他當面報告。最後，長途通信大樓新建工程於9月19日決標，預定11月3日開工動土。

我在典禮中致詞表示，本項工程歷經十一個寒暑，規劃設計的艱辛路程波折坎坷，感謝營建處梁丕洲處長以及所有參與本工程規劃同仁多年來付出的心血與努力。因本工程規劃肇始，於1986年9月正式核准興建，當時基於超高建築及附建鐵塔關係，專案報請行政院特准，期間又配合未來電信自由化組織變革，數度

變更計劃，定案後再經公告徵圖評比，甄選建築師進行實際的細部設計以及請照手續等，作業過程極端繁複，非一般人所能想像。並表示，多年來所有員工仍然侷促在金山大樓幾個樓層，實在相當委屈，相信在熬三年十個月大樓完工後，以往的困境便可迎刃而解。

承包商工信工程公司潘董事長也在典禮中表示，該公司承做過國內數項重大公共工程，如中山高高架路段，人才濟濟，技術經驗豐富，施工器械新穎完備，更重視公司的信譽與形象，因此他向大家保證，臺北長途通訊大樓一定可以如期如質完工。

長途通信大樓是面積最大、高度最高，規劃時程最長的電信大樓，刷新電信建築史多項新紀錄，簡單整理如下：
(1) **規劃時程最長**：自1986年4月2日計劃編擬至1997年9月19日建築工程決標，前後共計歷經十一年餘光景。
(2) **總樓地板面積最大**：地下三層及地上18層共計15573坪（約等於5.3甲或5.2公頃）。
(3) **建築高度最高**：建築主體高70公尺，屋頂景觀通信高塔近80公尺，總高度近150公尺。
(4) **預算金額最高**：合計22億餘元。
(5) **預算科目最多**：建築本體12億餘元、追加特殊結構5億餘元、BA系統增加預算1億餘元、地下停車場3億餘元。

(6) **設計圖說最多**：光以先行發包之建築圖（306張圖）及結構圖（99張圖）而言，即計有405張設計圖，陸續尚有水電、消防、空調、地下停車等設備圖。

(7) **室內停車位最多**：光是三層地下室就有303個停車位，如再裝設雙層停車設備（B1層高4.5M、B2及B3層高各5M，足供裝設），則總停車位將達600個以上。

(8) **規劃設計理念最新**：採「都市設計」之規劃設計理念，突破傳統公共建築物之剛性藩籬，設置景觀綠籬、親水區域、開放空間等親民設施。

(9) **經辦人員最多**：在前長途管理局歷任局長、副局長及擔任長通分公司經理的我與副經理俞進一的領導下，於計劃執行期間之主辦人員尚包括：

A. 前企劃處處長張克強、處長林明信、現規劃處處長周星拱所領導之企劃團隊：張弘明、蕭俊芳、楊鑒崇。

B. 前營建處理代處長盧文哲及現任處長梁丕洲、謝科長其宏所領導之營建團隊：

建築	呂金和、劉金獅、李萬朝、劉振生、林吉郎。
結構	林嘉峰、張耀南、黃師舜。
水電	洪竹龍、許清龍、張榮東。

2003年6月18日完工的長途通信大樓。

(10) **審核組織最健全**：在總公司營建處前、後任之林
　　古樹及林茂松兩位處長、蔡守智及吳萬生兩位科
　　長、郭俊峰及何明欽兩位股長之領導下，並指派
　　各方精英組成審核團隊，成員包括：

建築類	鄭幸春、陳秀法、張在源、鐵樹椿、謝其宏、林吉郎、林明志。
結構類	陳國興、黃師舜。

▶ 興建長途中心

為配合長途通信業務急遽成長需求，在各地陸續興建機房、料庫等工程，工程規劃設計精心縝密，建物表裡並重，內部機能力求發揮使用功能，外觀務求配合當地環境條件，並彰顯完美的電信形象與特色，創作極盡完美。施工階段更以落實施工品質管制，提升公共工程品質為導向，嚴格執行各級品質管制為必要，在營建處經辦同仁，監造建築師及承包商三者通力配合下，產出的工程品質均在規定水準之上。也因此曾榮獲「交通部重大工程施工品質評鑑」建築類優等獎，所得如此佳績並非偶然，完全是仰賴營建處同仁平時戮力負責盡職，堅守工作崗位的表現。

另外，澎湖通信中心新建工程代表電信總局參加交通部85年（1996年）「工程施工品質評鑑」參選之十項工程中勇奪建築類第一名。在十項參選工程中，「澎湖通訊中心新建工程」是唯一的外島工程，所以獲得此殊榮誠如該次評鑑委員會議記錄之結論所言：「……工程評鑑結果，其中電信總局『澎湖通信中心新建工程』乙案，係屬外島工程，於施工條件不利因素限制下，尚能維持良好品質，實為不易，為之鼓勵，經決議總分進整成為90分，並改列為優等」。

表1 新建長途中心機房一覽表

長途中心機房	地下（層）	地上（層）	高度（公尺）	建坪（坪）	文、圖
高雄	3	20	160	8,300	林明志
三重	3	8	120	7,000	謝其宏
彰化	2	8	96	5,084	林吉郎
臺東	--	9	80	--	林明志
頭份	2	6	54	1,900	林吉郎
澎湖	1	3	15	--	
花蓮海岸台	1	2	--	--	
壽山岩	1	4	--	--	李俊憲
基隆草山	1	2	--	--	
青草湖	--	5	--	--	

高雄長途大樓

三重長途中心

臺東長途中心

彰化長途中心

彭湖長途中心

山岩機房

青草湖機房

花蓮海岸電台

頭份長途中心

基隆草山機房

1996年7月1日，中華電信公司正式成立並對外宣布公司之中英文名稱及企業標誌。

中華電信公司與
長途及行動通信分公司的成立

▶ 中華電信公司的成立

中華電信公司於1996年7月1日正式成立。成立典禮於當天上午10點在臺北市愛國東路31號文康中心二樓舉行；典禮儀式之後，隨即在愛國東路大門，由董事長陳堯及交通部部長蔡兆陽共同主揭幕儀式，中華電信公司的招牌，正式公開與大眾見面；11點，在仁愛路一段42號北區分公司中正堂，舉行成立酒會暨中華電信企業識別系統（Corporate-Identity-System，簡稱CIS）發表會，正式對外宣布公司之中英文名稱及企業標誌。

當日董事長陳堯、我及副經理俞進一於「中華電信公司成立酒會暨CIS發表會中慰勉辛勤接待禮賓人員，並與她們合影留念。

成立典禮及CIS公開發表會中，董事長陳堯向社會大眾宣告，在中華電信公司成立的同時，承接原電信總局經營之各項電信業務。必將秉持「以卓越的技術，專業的服務，滿足客戶的需求，並增進人類的溝通與和諧」之經營理念與「溝通人間情，連結世界心」之精神標語，繼續為大眾提供最優質的服務。

CIS發表會是以酒會方式進行，會場除佈置中華電信公司旗幟，陳列CIS推廣活動照片及視覺設計圖板做靜態展示外，並規劃有動態及表演內容，包含電信合唱團演唱「中華電信歌」，多媒體影片欣賞及代表吉祥的電信寶寶串場演出，以象徵中華電信業務之欣欣向榮，並營造會場之歡樂氣氛。

長途及行動通信分公司員工在三場盛會擔綱演出，陳玉英小姐擔任前兩場成立儀式的司儀，其穩健的台風和流利的台詞，使整個儀式流暢的進行。舞獅團更使後兩場盛會增添了許多喜氣與熱鬧場面，首先在中華電信公司佈達式完成後由舞獅團引導部長蔡兆陽及董事長陳堯至總公司門口舉行揭幕式，而在CIS對外發表會上，儀式開始時，雙獅進場的舞動獻瑞立刻帶動了現場的熱鬧的氣氛，使整個活動倍增喜氣。

中華電信成立典禮及CIS的發表會，接待由長途及行動分公司負責。接待的禮賓人員從遴選、制服採購配色、工作內容分配等，事前均作詳盡的規劃與演練，因此，口碑載道的完美演出，絕非僥倖，當然，禮賓人員們個個都能任勞任怨、盡心盡力，更是服務品質的最佳保證。

1996年7月1日，我與俞進一副經理一起揭開喜氣的紅色布幔，
布幔下的「中華電信長途及行動通信分公司」的招牌正式亮相。

▶ 長途及行動通信分公司的成立

為配合電信改制，原「長途電信管理局」奉令自7月1
日起更名為「中華電信長途及行動通信分公司」，揭
幕儀式於當天上午8點半在金山大樓前舉行。在本分
公司眾多同仁期盼與注目下，我與俞進一副經理共同
揭開代表喜氣的布幔，「中華電信長途及行動通信分
公司」的招牌也在此時正式與大家見面，在場的同仁
都感到雀躍歡欣，臉上充滿興奮之情，在這一刻同時
也開啟了「中華電信長途及行動通信分公司」的嶄新
歷史篇章。

我在與所有參與儀式的同仁致詞時提到，當天是中華電信公司生日，也是我們團結、和諧、開創新局的起跑點；我也期許自己和勉勵全體同仁，我們所處的環境已經改變，競爭的時代也已到來，大家要有旺盛的企圖心，更加努力才不會被環境競爭所打垮，如此才能開創電信更輝煌更燦爛的「第二春」。

當天，由一群熱心同仁組成的「獅陣」為現場錦上添花，讓場面更加熱絡。每逢春節或重要節日、慶典，只要有他們在場氣氛就截然不同，憑著練就的一身「獅功」加上鑼鼓鈸鐃的助陣，整個場面可就更加熱鬧及喜氣。1996年7月1日電信改制，他們一個上午要連趕三場，又碰巧遇上大熱天，酷暑難當，十分辛苦。

1996年7月1日，當日揭幕儀式中同仁組成的「獅陣」所帶來的精采表演。

腦力激盪，激發員工潛能

從我擔任臺北電信局工程師主任、北區電信管理局線路處處長，再到電信總局企劃處、供應處、工務處處長，最後到擔任中華電信長途及行動通信分公司總經理的這段期間面臨的許多危機與挑戰。

每每到任不同單位、職位，必須都要先觀察，看看有什麼問題需要改善，這些問題小至辦公室環境，大到單位特性、習氣以致於政策走向，都是關鍵，等到觀察完問題後，我喜歡腦力激盪，讓自己保持在活躍的思考狀態，我也鼓勵同仁一起加入，這樣有助於讓公司注入新活力，時時保持創新、前進的狀態。後來，台積電董事長張忠謀，也曾經媒體上發言說，成功的企業需具備三大要件，其中一項是創新，腦力激盪，發揮員工的潛能。我想，這應該是能讓企業邁向成功的不變真理。

所以，不管是在哪一個職位，像是提案、二線支援一線、職務輪轉、打破一職久任，造成彈性疲乏的陋習績效考核、節減人力、加以獎勵措施的配合、創意產能，無論是有形的或無形的，這些都是我認為必須要持續推動的政策，而這些政策也能為中華電信長途及行動通信分公司注入了新的改革動力。千里之行，始於足下，只有勇敢地踏出第一步，才有後續的步伐出現，以下舉幾個自身的經驗和各位分享。

1998年元月份業務會報中，我代表公司頒發獎牌及獎金予張山桐先生。（攝影／楊經輝）

▶ 提案制度，斗南長途中心用地取得成功

臺中營運處自1992年開始籌建斗南通信中心，因建地問題遲遲沒有著落而延宕多年，最後，因雲林營運中心助理工程師張山桐的一紙提案，這個棘手的問題得以迎刃而解。

他提案建議購置經濟部工業局開發的雲林科技工業區用地，經複勘後，地點、價位都符合條件，旋即敲定購置。該地面積2,205坪，每坪售價24,000多元，總價5,350萬元，經專家估算將為中華電信節省近億元費用。張山桐先生敏銳的觀察力與大膽提案的執行力，不僅解決懸宕的難題，也顯見他對於公司的極盡心力的付出，於是在1998年長途及行動通信分公司元月份業務會報，我代表公司特別頒給他獎牌及獎金5,000元予以獎勵。

▶ 品管圈

1981年我在擔任北區電信管理局線路處處長時提出「品管圈」的建議，之後局內也設立「品管圈活動推行委員會」，鼓勵同仁組圈，多動腦筋，不斷改善工作品質。活動過程中發生困難時，由現場主管及輔導人員組成專案小組，到活動現場了解及進行互相交流的座談，面對面的溝通及主管的參與，提振員工士氣。至1997年參與圈數已達161圈，每百人品管圈數高達5.98%。

品管圈的提出與建議小有所成並獲肯定，而後應空軍總部邀請，長途管理局品管圈推行委員會主辦的品管圈示範觀摩活動，於1995年3月27日在松山基地舉行。當日示範觀摩活動，由基地指揮官謝少將開場白及空軍副總司令黃顯榮中將親臨現場並揭開序幕。

首先由擔任長途電信管理局局長的我主講有關全面品管趨勢，我以簡單易懂、生動活潑的講述的方式，將品管圈豐富且精彩的內容傳達給現場所有官兵，並博得他們熱烈的迴響與熱掌聲。接著由趙中奇副工程師介紹認識品管圈、如何導入品管圈活動，並搭配長途電信管理局推行品管圈活動經驗加以說明。壓軸好戲是由曾經榮獲全國非生產類組殊榮獎之團結圈的本局通信處所屬行動圈進行示範發表，其實力堅強、實至名歸，發表過程高潮迭起，掌聲不斷。最後，活動在熱烈討論及交換紀念品後圓滿結束。

1995年3月27日，行動圈至空軍總部松山基地品管圈示範交流，時任長途
電信管理局局長的我與空軍副總司令黃顯榮中將合影。　　（攝影／龔榮津）

▶ 團結圈活動推行績優企業「交流觀摩會」

「團結圈活動推行績優企業交流觀摩」是由經濟部工業局主辦，中衛發展中心執行，參加成員是由已經或想要推行團結圈活動三十幾家公民營企業機構之中、高階主管或推動人員組成。

以往團結圈活動之交流、研習，一直以日本為主，歷經數年，國內也有不少推行成效卓著之企業機構，其成功經驗，理念及作法，頗值得企業界仿效，故藉由「交流觀摩會」達到經驗交流之目的。

由於長途電信管理局推行團結圈活動績效卓著以及局內所屬「行動圈」連續在全國團結圈活動競賽中，勇奪兩屆示範組「殊榮獎」，足為業界楷模，故長途電信管理局被指定為被觀摩之績優企業。

1995年4月21日上午10點，三十幾位包括業界的經理及推行人員組成的隊伍，抵達長途電信管理局參予觀摩活動，活動在我與中衛發展中心處長張國昌代表雙方互相交換紀念品後揭開序幕。

活動首先由我來主講「電信事業團結圈導人動機及推行理念」，詳細說明電信總局引進團結圈動機及推行經過，從品管圈推行理念即發揮員工潛能、提升服務品質及加強顧客滿意度、員工意識改革到歷年電信品管圈活動大事等，簡而言之可謂一部電信品管圈發展史。接著再由企劃處林處長對「長途電信管理局業

務」做簡報，以及企劃處林主任介紹「本局品管圈推行概況」。最後的壓軸好戲則是「行動圈」精彩的示範發表，半日的觀摩行程就在充實、緊湊的活動中結束。

▶ ISO-900I國際品保認證

在電信自由化的政策下，中華電信長途及行動通信分公司首當其衝，面對競爭的經營環境，如何提升服務品質，建立公司新形象，實屬刻不容緩。決定導入ISO-9001品保制度，於是在1997年3月20日聘請科建顧問公司輔導，副經理林仁紅為管理代表。

1998年1月21日，我代表長途及行動通信分公司從英國BSI認證公司經理Mr. Tom Harland手上接下認證證書。

我與全區21位營運中心及客服中心主任共同向顧客宣示與呼喊口號。（攝影／蕭振茂）

推動工作隨之展開，科建顧問公司指派三位顧問師於北、中、南三地同時展開訓練與輔導工作。ISO-9001品保制度的主要精神，簡單地說就是：「說你所做，寫你所說，做你所寫」。12月15日經國際知名英國BSI認證公司為期一周嚴密評審結果，獲得認證通過，並在1998年1月21日舉行頒證典禮，由英國總公司經理Mr. Tom Harland頒發證書，由時任經理的我代表分公司接受此項榮譽。

此次通過ISO-9001認證之業務有長途通信、行動通信、智慧型網路、衛星通信及專線等，是國內唯一也是第一家通過ISO-9001國際品保認證的電信服務公司。總公司總經理呂學錦在嘉許長途及行動通信分公司全體同仁上下齊心努力獲得回報外，更期勉我能繼續帶領一同上台被表揚的全區21位營運中心及客服中

心主任承接在ISO-9001這項榮耀後所帶來更大的責任。頒證盛會中，在我帶領全體中心主任向顧客宣誓「品質第一」、「創新服務」、「顧客滿意」以及不停的加油與掌聲中達到最高點。

中華電信之興衰在此一役

1997年1月，交通部核發六家新進行動業者GSM行動電話執照。隔年1月，民營業者陸續開台營運，行動電話業務從此邁入群雄割據的時代。

1997年底，中華電信行動電話用戶數約150萬戶，因國營公司採購作業繁複、緩慢，系統建設落後，無法滿足市場強烈且迫切的需求，所以高達100萬待裝用戶，成為各家電信業者爭奪目標。

當時，最大一筆的器材正在採購，營業單位就不停的詢問什麼時候可以供裝？我們沒有料到將於1999年5月27日實行的〈政府採購法〉，其中第3條：「公營事業辦理採購，依本法之規定。」第9條第2項：「本法所稱上級機關，辦理採購機關直屬之上一級機關。」這意味著當時國營的中華電信將為法規所掣肘，將是不容忽視的致命關鍵。

中華電信公司的上一級機構就是交通部，若是〈政府採購法〉正式實行，表示採購流程增加，時間延長，綁著手腳的我們如何與其他自由之身的電信業者競賽？眼看〈政府採購法〉剩下不到一個月就要實施，我們只能緊急請相關單位來協商，看看是否能在一個月內辦好採購，而每個單位主管都回覆辦不到。我心想：「這樣豈不是白白斷送行動電話市場，這樣不僅無法搶占市場，更會大損中華電信的元氣。於是我不假思索提出：「我們必須在一個月內完成。」此話一出，在場同仁無一不感到驚訝。

　　見眾人訝異的神情，我便以總局採購數位交換機的經驗為例：「1987年，某一天中午，交通部長郭南宏及各司長，在部長室內邊吃午餐，聽取電信總局採購數位交換機簡報，當日下午3點半，郵電司長王恩波來電，所報的內容已經呈報行政院，隔三天，行政院的公文就已經核准下來。」在關鍵的時刻，攸關生存，我們一定要同心協力，只要有心，事情一定會成功。之後，將上述的情形向總經理呂學錦報告，請求全力協助。

　　經過大家的同心協力在1999年5月25日中午，召開審核會議，供應處科長廖坤銅、李淑惠拿著兩大疊採購資料出現，看著他們因加緊進度連續趕工而雙目通紅，讓我於心不忍。為了不讓大家的辛苦付諸東流，我也加緊自己的腳步，最後經過相關單位辦理，於1999年5月26日完成採購手續。

我代表長途及行動通信分公司晉見當時的總統李登輝先生，並留下合影。

兩人同心，黑土變金

▶ 勞安績效，三喜臨門

長途及行動通信分公司在1998年榮獲「行政院勞工委員會評定為86年全國性推行勞工安全衛生優良單位五星獎」得獎單位，並於11月2日舉行之「87年全國勞工安全衛生研討會」開幕式中，由我代表接受頒獎表揚。當時的總統李登輝先生也特別在當日上午接見五星獎得獎單位代表13人，並親自嘉勉，也是由我代表晉見，接受殊榮。

我在領獎後不禁有感而發，向同仁表達感謝之情與慰勉：「五星獎之殊榮得來不易，這是仰賴全體同仁支持與配合，同心協力，共同打拼所獲得的成果，我希望大家要繼續努力，為個人安全及事業發展再衝刺。」

▶ 全員行動覓租基地台

行動電話業務邁入競爭時代，6家新進行動業者來勢洶洶，加速基地台建設。長途及行動通信分公司經組織改造成立區域營運中心以來，初嚐組織大整合之甜果，各地陸續簽妥租用基地台，惟臺北地區百貨公司、大飯店、公共場所等室內基地台覓租需要協助。

於是我們計畫組成行動團隊，採任務編組，成立10個工作小組（傳輸處、供應處、網路處、長通處、政風室、勞安處、總務室與營建處分別負擔二組）由工務處、營建處統合人力配合支援外，並指定來自臺北營運處楊永祥、臺中營運處郭吉元、高雄營運處高朝發，行通處邱富壽、傳輸處林學彬，搭配各組，協助小組成員排除技術作業的問題點，計畫既成便立即付諸行動。

總經理呂學錦聞訊也抽空前來監督坐鎮，肯定長通分公司的努力外，同時表示無論在任何情況下，28個基地台務必要在4月底前完成，特別要注意改善高速公路沿線死角，及隧道的通訊品質。藉著全員行動，爭取各界認同，提昇客戶滿意度。

完成簽約台數較多的營建小組同仁，在營建處處長梁丕洲的穿針引線及季鳳儀副管的緊迫盯人策略運用下，幾經波折，終於將福華大飯店全臺9個據點全部簽訂下來。

營建處梁處長代表長途及行動通信分公司與福華大飯店總裁廖東漢先生簽約後合影。（攝影／蕭振茂）

供應處被同仁暱稱為「精算三劍客」的林元褒、蔡明貴、秦嗣文也善用另類巧思，將百萬身價的S2000型室內機作成本效益分析，讓中視、華視都認同有助傳媒的便利性，欣然慨允無償使用。而行動電話建設的老手林學彬，獨自完成租借三處基地台，令人敬佩，以及長途通訊處屈美惠科長、詹素琴助管幾次奔波，終於把力霸關係企業轄下的衣蝶生活館南京店租約談妥。至此，最困難的28處基地台租賃任務終於圓滿達成。

1998年3月，我與俞進一協理致贈「功在鄉里」匾額感謝劉文房、
劉文鎮昆仲之義舉。照片中央處為村長劉文鎮先生。（攝影／夢魚）

1998年，臺中營運處為改善大草嶺地區大哥大通訊
品質，以配合當地觀光事業的蓬勃發展，積極尋覓
增建基地台，適逢草嶺神農大飯店正新建大樓，地
點也十分合適，於是基地台租賃推動小組召集人總
務科科長張萬坤立即前往溝通，該飯店所有人為草
嶺村長劉文鎮先生，劉村長除同意提供套房供裝基
地台外，並無償長期提供，情意感人。於是我決定
和俞進一協理一同南下，特別在工程施工中親自前
往致謝，並致贈「功在鄉里」匾額以感謝劉文房、
劉文鎮昆仲之義舉。

▶ 全員客戶服務

中華電信在行動電話業務面臨民營業者的挑戰，為加強客戶服務，提升客戶服務電話的撥通率，在還沒有人力來源的情況下，由行動通訊處與人事室共同研訂一套「全員服務作業原則」，先增加客戶服務受理專線，長途及行動通信分公司新闢10線，臺北、臺中、高雄營運處各增闢10線，花蓮營運中心新闢7線，共增加47線，同時透過智慧型網路（IN, Intelligent Network）的功能自動分配話務量到各據點。

增闢的客戶服務受理專線人員採取自願報名兼任的方式，由各處室員工自由登記，每人每週輪值半天，結果獲得熱烈的響應，登記人數比預期的超出許多，光是長途及行動通信分公司就有130人，而全區更多達388人參與服務行列，充分顯示中華電信全體員工的團隊合作的共識與服務熱忱。

看到全體同仁上下團結一心，我十分感動，所以想略盡微薄的心意來慰勉熱心參與全員服務的員工，所以決定與俞進一、林仁紅兩位副經理及行動通訊處處長石木標等，冒著傾盆大雨赴臺北地區各全員服務專線據點，一一感謝員工的熱心參與並致贈點心，握手致意。當我看到臺北營運處的司機同仁也在座位上參與服務行列時，我深切的感受到長途行通分公司的員工，真的全都動起來了。

▶ 形象廣告得獎

為強化客戶對中華電信經營行動通信業務良好形象的認知，以因應競爭市場的開放，我想要將中華電信「多元與創新」經營理念傳達給更多的民眾，讓他們重新在認識中華電信。於是，由營管處提出製作行動通信業務形象廣告的構想，經由總務室全力配合遴選廣告界菁英參與下，製作兩支行動通信業務形象電視廣告片（水漂兒篇、回音篇），藉以擺脫消費者對中華電信的刻板印象，重塑中華電信行動通信企業活力形象。

1997年6月21日到26日廣告播出後就獲得消費者好評及熱烈迴響，除了廣告得獎外，中華電信在專業技術、創新服務之企業形象，更贏得消費群眾的認同、專業評審的肯定，及媒體界的刮目相看。而俞進一副經理於廣告片尾提出「中華電信—無線（限）暢通」的形象口號，更點出中華電信之優勢。

榮獲時報廣告金像獎銀獎殊榮的形象
廣告CF片 ──「水漂兒篇」。

此次所製作的第一支形象廣告CF片（Commercial Film）－「水漂兒篇」，讓中華電信公司首次獲得時報廣告金像獎銀獎的殊榮，眾人齊心締造佳績，讓中華電信公司光榮紀錄榜上再添一筆。

大哥大採購冤案

1993年8月23日長途通信管理局局長蒙志忠、總工程師葉永川、副總工程師林子路、設計處處長簡文純、副處長洪明輝、工程師林秋明、張孫堆等七人被收押。10月時，檢察官依圖利罪嫌對相關員工計14人提起公訴，號稱電信史上最大弊案。

▶ 送愛心到看守所

8月23日上午電信總局工務處聽到消息，紛紛慷慨解囊，採購慰問品，立即送到看守所聊表慰問之情，之後總局長也跟進。當天下午，我打聽到平鎮電信局主任溫鎮江女婿的同學是土城看守所所長，特地致電給溫主任，告訴他我們被收押的同仁是無辜的，拜託溫主任的女婿也就是所長多多關照。於是隔天所長去探監，就問他們需不需要換牢房，他們都婉謝推辭。之後每逢過年都會邀請受冤同事齊聚一堂，並詢問有無需要協助事項，讓他們在低谷中仍能感受到溫暖關心。

▶ 停職

某日，蒙局長致電來和我告知，經法院第一審「有罪」之判決，所以依據〈行政院及所屬各級行政機關學校公務人員獎懲案件處理辦法〉（現已廢除）規定，他必須被停職。掛斷電話後，我立即請教助管楊

利生，他告訴我公務員懲戒法規定須依刑事「確定」判決，且命令與法律抵觸者無效。

於是，我和副局長俞進一到總局長室要求可否依照〈公務員懲戒法〉辦理，法制處處長李金德說這是交通部來函，必須在一週內辦理。

經友人的介紹人事行政局陳庚金局長，他對於公司同事蒙志忠等六人服務電信數十年，奉公守法，依法執行大哥大採購案，被判圖利，且於刑事判決確定前，恐將遭違法且不當之停職處分，損及憲法及法律所保障之權益甚為同情，叮囑我們將有關適用法規之疑義寫陳情書來局。

聽經辦的科長說，〈行政院公務人員獎懲案件處理辦法〉，自民國62年（1973年）經行政院訂定以來，被停職有百餘人。後來，行政院於86年3月26日台院人政考字第09942號令修正發布此辦法中，已將原停職處分所依據之第6條及第8條內容刪除，換言之，原停職處分已失所附麗。

▶ 支援訴訟

據所得資訊了解，被控訴的主因是辦理第一標AMPS行動電話2萬個門採購工程及第三期擴充行動電話22萬個門號工程及相關設備採購案，被不實指控涉及貪瀆。看見一同努力打拼的工作夥伴蒙受不白之冤，所有人也無法坐視不管。其中，訴訟所需的資料均由工程師游順德

整理並予以支援，當時前總局長薛承弼也被牽連導致他想要回總局蒐集資料時被冷落，我也答應長管局會全力支持。

期間法院人員到現場履勘二次，都由副局長俞進一解說。他提到工程驗收，有經辦人不敢蓋圖章，主管工程師廖金樑，依規定辦理完成手續。也因為某一主管不願蓋圖章，所以身兼總工程師的俞副局長，經致電詢問主辦人一切流程、手續均合法，就以其所兼任的總工程師身分蓋章。後來法院兩次傳喚俞副局長前往作證，其所講述的同一作證內容在地方法院被批評為曲解，而在高等法院卻被稱讚為專業，中間的變化與轉折讓人匪夷所思。

▶ 成立專案小組函復臺灣高等法院澄清

為了支援身陷囹圄的工作夥伴，故組織專案小組。總經理呂學錦批示：「小組由副總經理謝俊明召集，成員包括處長李金德、工程司蔡明月、主任研究員石木標、協理俞進一、工程司游順德和楊利生等六位。並請大律師曾宗廷為顧問協助辦理。

為就臺灣高等法院83年度上訴字第6740號刑事判決，對於「AMPS細胞式行動電話系統第三期擴充規範書」中，有關擴充建設時，新舊系統介接及可利用既有設備之認定、基於規範書主辦機關之立場，特以專函澄清。正本致最高法院，同時副本致臺灣高等法院。

大哥大採購案 纏訟14年 14被告全無罪

2008年5月1日，《中國時報》社會新聞中以大篇幅報導
大哥大採購弊案14名被告均無罪定讞。

▶ **大哥大採購案，纏訟14年，14被告全無罪**

在所有人的努力之下，歷經14年纏訟的大哥大
採購弊案，前長途電信局長蒙志忠等14名被
告，在2008年4月30日全部無罪定讞。法官認
定，本案無罪的關鍵，不僅是調查員以強暴、
脅迫、利誘等不正方法取供，檢察官對於涉及
電信事業的英文卷證資料原意解讀也有誤會，
被告無包庇、圖利得標廠商之貪污犯行。

施工同仁於全部工程
完工後在衛星天線前
留影。（攝影／胡繼志）

離島電信建設

▶ 南沙國內衛星通信工程

位處臺灣最南疆的南沙太平島國內衛星通信工程，耗
費數年、排除萬難，終於在1997年4月底完工。此項
工程目的在建設衛星電路，提供當地駐軍與臺灣本島
最穩定可靠的通信網路，讓即使遠離臺灣千里外的阿
兵哥，也能夠隨時與本島親友聯繫報平安，穩定軍
心，使前線軍人無後顧之憂。

工程由高雄營運處負責，施工同仁冒著溽暑，在高溫
炎熱的氣候中工作，沒有一個人喊苦，大家都有共同
的使命感，要建設最高品質的衛星電路為我國的國防
盡一分力。

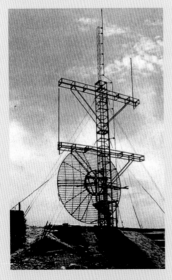

已完工的馬祖北竿基地台。

已完工的烏坵地區行動基地台。（攝影／張萬坤）

▶ 馬祖、東引行動電話基地台架設

臺北營運處肩負馬祖及東引基地台的架設任務，在眾人的通力合作下，於1998年8月22日大功告成。現在馬祖及東引地區的行動電話系統，可謂是沒有收訊死角存在。

▶ 改善烏坵地區的通訊

烏坵位於福建省東部外海，距臺灣約130公里，地處偏僻，對外交通極為不便，需仰賴軍方的運輸支援，該島面積約12平方公里，住家約25戶。

為改善烏坵地區的通信，不惜重資建設衛星地面站及行動電話基地台，在臺中營運處所有參與建設同仁通力合作下，工程於1999年5月12日竣工開放，圓滿達成此一艱鉅任務。

▶ 金門太武山轉播站

由長途電信管理局、新聞局廣電基
金公視台及三家電視公司共同出資
興建的金門太武山電訊、電視轉播
站,於1995年11月18日開始啟用。

長三總隊的工程人員也就地增建了
一座新的行動通訊基地台,讓金門
地區民眾使用大哥大時訊號更加穩
定,品質更為提升。

已完工的金門轉播站。

▶ 陸海空軍褒狀

因督導與協助海軍建設完成烏坵、澎佳嶼、東沙、南
沙等通信工程,而電信設施又有助鞏固海防,提昇官
兵士氣,所以國防部依〈陸海空軍獎勵條例〉之規定
頒發給我「陸海空軍褒狀」表達肯定與獎勵。

國防部所頒發的「陸
海空軍褒狀」。

921大地震

1999年9月21日凌晨1點47分，一場驚天動地，毀滅性的搖晃，瞬間撕裂了臺灣大地，這無疑是臺灣百年來的最大浩劫，也對電信業造成空前的損失。

呂學錦總經理及我、潘敦崇總工程師、高靖智處長等人於當日上午10點餘抵達臺中，聽取災情報告後，我隨即下達「搶救埔里孤城」的指令，協調臺北營運處載運衛星通訊設備南下，無論如何要搶通埔里山城，使傷患獲得更多的救援。

呂總經理於下午5點召集各級主管緊急搶修會議，決議動員所有人力、物力在最短時間內搶通電信，並在災區做好服務，同時交代本分公司負責提供行動電話門號及手機500部於23日送達災區，分發搶修單位。

▶ 救災用行動電話500部

9月21日下午6點前後，我在會議中緊急電話交付此一「超級任務」，行通處臨危受命接受挑戰，趕緊召集「留滯」在辦公室處理公務的工作夥伴，參與任務。首先籌製SIM卡500張，為縮短製卡時間，動用三部電腦工作站，大家全神貫注，手不停息地工作，在晚

上11點半前後完成。同時間，也正為如何挑戰最沒有把握的500部手機採購問題大傷腦筋，夜已深沉，如此大量手機貨源著實令人憂心，但皇天不負苦心人，經「強力」的訴求，廠商同意配合需求連夜備貨，並在翌日早上9點準時交件。

50大箱救援手機在運送途中仍請隨車同仁利用車上備用電池繼續處理因停電未能完成的充電作業，由於同仁們的同心協力，能在最短時間內達成「不可能的任務」，就像我平日勉勵同仁的一句話：「大家若同心，黑土變成金」。500部手機旋即送往南投、雲林、豐原、臺中等災區，供救災中心、傷患救護醫療中心、救濟慈善機構的救災人員使用外，尚提供國軍救援，行政院衛生署等單位。

▶ 搶救埔里孤城

臺北營運處支援夥伴天線班、線路班、及衛星站夥伴一行15人，由助理工程師陳國賓率領，於晚間11點抵達臺中營運處過夜。9月22日早上7點，由臺中營運處助理工程師林冠雄率領搶進埔里孤城，立刻開始架設衛星通信電路工程，於當日下午4點完成埔里衛星電路搶通。

▶ 草嶺搶建衛星地面站

高雄營運處主任廖介三召集天線班所有人馬，並動員曾在南沙建設衛星通信技術熟練員工林榮華、胡繼志等，於9月24日完成材料器具之整備，進行搶救任務編組後，即刻出發。12點30分搶修隊一行抵臺中營運處，稍事休息後，9月25日晨開赴草嶺。

2.4M衛星天線，原擬搭乘直升機，因承載問題改由陸路運輸，全部人員由斗六營運中心主任趙健信率領，他們冒著艱險經由阿里山公路到奮起湖轉太和再至草嶺，沿途落石坍方頗為嚴重，所幸克服萬難順利抵達。立即進行衛星地面站的建立及安裝測試，大家輪番上陣持續工作，直至當晚9點50分終於完成搶通對外通訊。全體搶修同仁無不振臂歡呼，在最艱困的環境下，群策群力搶通災區對外通訊，中華電信全體同仁的努力與效率值得肯定，更讓人引以為傲。

參與架設草嶺緊急通信衛星天線的搶修同仁，左起謝孫亮、
高惠生、鄭義全、楊健得。（攝影／曾俊明）

充滿愛心的賑災物品，堆滿金山大樓門口。（攝影／蕭振茂）

▶ 送愛心到災區

同仁秉持人溺己溺的心情關懷震災，紛紛貢獻災區最迫切需要的民生物品，像是小營帳、睡袋、毛毯、手電筒等，同時我也緊急召開會議並將公司活動用的大營帳10頂、各式睡袋10個，一齊拿去災區救急，而這些充滿愛心的賑災物資，堆滿金山大樓門口。

救援物資於9月23日隨同500部救災行動電話送到災區，並於下午4點抵達臺中營運處，經過分配，中華電信的救援車隊滿載救援物品分馳災區，完成任務。

「心動不如行動」是長通分公司的信條，本次救援行動，分公司「群策群力、團結一致」的精神，發揮得淋漓盡致。

電信旅程終點

▶ 回首長通分公司走過最艱辛的一段歲月

1993年期間，長途行通分公司的前身，長途電信管理局正處於長途電信史上最低潮的「黑暗期」。當時全局正受到大哥大採購案的影響，同仁的心裡遭受重大的打擊與創傷，士氣跌到了谷底，而從那時起一直到1999年的長通分公司，所走過的七個年頭，可以說是長途電信史上最艱辛的一段歲月，它從最低潮的士氣中站起來，卻又面臨電信自由化的重大衝擊。

全分公司同仁的心能凝聚在一起，堅強的與民營行動通信業者競爭，完全依靠領導者與全體同仁共同努力，創造出「長途行通新文化」的結果，前些日子所發生的「大哥大採購案」已獲得初步的平反，獲判無罪，這猶如給與本案受創的主管及長通分公司全體同仁打了一針強心劑，我們願意在此刻回首長通分公司這段最艱辛的日子。

長通分公司自1994年開始七年，員工士氣的提升和長通文化的塑造實有賴於團隊合作的結果，我當時很榮幸的成為團隊的一員，和兩位協理、總工程師、副總工程師的分工合作，相互學習。特別值得一提的俞進一協理，我和他兩人分別在技

術和管理上發揮所長，才能完成艱鉅的任務，所以我們可以稱的上是一對「最佳拍檔」。

七年歲月匆匆流過，長通公司也由低潮時期重新站起，在歷經這些歲月的我也在2000年7月退休。在那七年間，和同仁面對種種的挑戰，也和大家一起努力走出了低潮期的陰影。我始終相信無論身處何種位階、面臨何種困難與挑戰，用「心」做好每件事，最終都能獲得讓人滿意的成果。我對公司與所有共患難的同仁仍舊抱持著感謝與不捨之情。我回首這多來成果有一份成就感，尤其在我榮退前夕大哥大案終於初獲平反，我相信這是上帝的旨意，要送給我一份心靈的禮物。

▶ 感恩的心，感謝有你

長途及行動通信分公司總務室致贈《獻給咱ㄟ大家長－廖經理天才 咱大家作伙ㄟ2400天》。

人心浮動、士氣低沉、在風雨飄搖中，我在1994年元月奉諭接下長途及行動通信分公司（當時稱為「長途電信管理局」）的重擔，從到任至屆齡榮退的2,400個日子裡，以長通分公司大家長的身份和3,300位同仁，迎接無數次的挑戰，度過重重的難關，

廖經理與你共事的2400天

感恩的心，感謝有你！

人心浮動、士氣低沈，在風雨飄搖中，廖經理83年元月奉諭接下長途及行動通信分公司（當時稱為長途電信管理局）的重擔，從到任至屆齡榮退的2400個日子裏，廖經理帶領長通分公司的3300位同仁，迎接無數的挑戰，度過重重的難關，獲得良好的建設成果和經營績效。廖經理說：這得來不易的成果，是全體長通人的犧牲奉獻、共同打拚得來的。7月16日就是他光榮退休的日子，長途訊息特別將廖經理服務本分公司期間的「大事紀」整理出來，供讀者作一回顧，以表達對廖經理尊崇感念之情。【編輯室】

廖局長到任
廖局長於83年元月到任，自林總視察手中接下重擔

廖局長主持元月份局務會議講話
員工要有系統觀念，並建立以顧客滿意為導向的服務理念；經過評量辦法由員工自訂遊戲規則，確立之後一體遵行

新進員工座談會登場
83/11/23，人事室鄭科長上任後一連串新的「施政理念」，開辦「新進員工座談會」

泛歐式行動電話啓用
泛歐式行動電話（GSM）啓用典禮於84/7/10舉行，由交通部劉兆玄部長主持，部長並當場試撥電話給台中高三市長

嘉義地區率先實施區域責任制，廖局長親往加油打氣
為因應電信自由化後帶來的衝擊，廖局長主張要實施「區域責任制」，此制精神在調整組織結構，打破單位與單位間的藩籬，達到人力相互支援，靈活調度的理想。嘉義地區率先於84/11/1實施區域責任制，廖局長親往加油打氣

太平島官兵有話說了
三總隊同仁，84/4/8乘船前往太平島建設衛星電話八路，84年10月31日正式啓用，島上官兵從此有「話」可說了

《長途訊息》編輯部為我整理的「大事紀」內容。

獲得良好的建設成果和經營績效。我認為這得來不易的成果，是全體長通人的犧牲奉獻，共同打拼得來的。7月16日是我功成身退的日子，《長途訊息》編輯部特別將我在分公司期間的「大事紀」整理出來，當時同仁對我的感念之情，時至今日仍讓我記憶猶新，倍感親切與榮幸。

屬於我的電信旅程終點在長途及行動通信分公司，期間遭遇電信史上最大的司法疑雲下，從有線電話到行動電話、工程到營運、官署到公司、獨占到競爭，化悲憤為力量，同心協力、克服困難，我與同仁同甘共苦六年半，終於平安到達目的地。

退休的那天早上，聽協理俞進一說，前日交通部葉部長菊蘭召見，決定由他來接任經理，我為他感到高興，同甘共苦六年半的最佳拍檔俞進一兄來接棒，相信未來必定精彩可期。

中華電信董事長陳堯與總經理呂學錦頒給我「功在電信」的獎牌。

我與俞進一協理進行交接儀式。

全體同仁夾道歡送我離開長途及行動通信分公司,盛情難卻讓我十分感動。

我在電信界服務期間，突破困境，推動多
項電信工程建設，交通部專業獎章頒給辦法之
規定，頒給我二等交通專業獎章，以資表揚。

當時的交通部部長葉菊蘭頒給我的「交通部專業獎章證書」。

退休

二十多年前，家家戶戶要辦電話可能要等半年以上，到了今日，想申請電話或手機已是隨到隨辦。通訊技術的發展對社會十分重要，就像人體的神經系統一樣，即時的訊息傳遞可以讓人體有效率且正常的運作，在面對危險也能做出適當且快速的反應，相反的，如果訊息不能即時的傳遞，那麼人體就會癱瘓而無法正常運作，相同的道理也可以套用在國家的運作與發展。再者，通訊技術可以促進全球化，也改變了人類的社交互動模式，使距離不再是阻礙。總而言之，通訊技術已經成為現代社會發展不可或缺的要素，而且世界不停地變化，這也是我認為資訊業需要不斷創新與變革的原因之一。

我與中華電信走過半個世紀，從小生存的生活環境告訴自己不能怕苦，母親對我的教誨：「要與人為善，善結善緣」也是我秉持的做事原則，我認為是這兩項特質幫助我從一名小技術

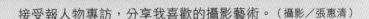

電話半生緣 即將畫句點
中華電信副總經理 廖天才用相機展開新人生

記者 張惠清／報導

10年前，家家戶戶要牽電話可能要等上半年以上，現在您想申請電話到是輕鬆隨意。他，中華電信副總經理廖天才（見圖），他與中華電信走過半個世紀，為著不怕苦，牽結善緣的敬業精神，從1名小技術員，努力不懈，登上中華電信副總經理一職，並擔任中華電信最賺錢單位的一位主管，50年走來廖天才把對錯時期給所有共事的同伴，處世的大智慧深得人心。

沒有顯赫的家世背景，卻造就著人定勝天的角色，潛力扮演著他的角色，19歲就進入中華電信的廖天才，既很員格做的一句話，選擇了「電話」這條路，在台南36始擔任線務的基層工作，拉纜、裝纜等技術工作，由於工作效率高，加上辦事盡心盡力，從台管局的供應處組長、北管局線路處處員、電信總局企劃處副處長、工務處處長等，一路穩到總。

這電信管理局局長。

他回憶起民國78年時期，電話建設廢落後，民眾要申裝電話把碼都要等上半年以上，他上任公務處處長第1件任務就是讓電話普及，讓民眾隨家隨牽，持續5年的努力，從無到有，克服人力不足，電腦化不敷等問題，建立起現今2100萬的市內電話普及率。

「我在中華電信經常是開疆闢土的，別人不願意去做的，最後都是我接手」

廖天才說，就家82年報生的大哥大探詢案，當時長管局士氣低迷、人心惶惶，從局長到專員都被調查起訴，行動電話業務市場正是起飛的階段，廖天才臨危授命從頭開始，一上任便到所頭員工鼓神喊話，要大家一起蓬勃度過難關。

用最少的資源做最有利的事，讓事情更有創新，創意一直是廖天才成功的關鍵，不服輸的個性更在他的人生興興無遺，35歲拿到了中國工業工程的學位，半工半讀，與同學每星期天來回中壢上學，5年後完成交大碩士班的學位，更是當期所有學員年紀最長的一位。

廖天才說，人生就像舞台，當你獲得了這個角色，就要儘量扮演，沒有驕傲，只有尊重。在員工心目中「望之儼然，即之也溫」，這位員工心中的「天才老闆」即將退休，同事心中難然有千萬分不捨，不過廖天才說：忙了大半輩子，接下來要把時間留給家人，並且擔任義工，退休後於攝影藝術上，展開他人生的新舞台。

接受報人物專訪，分享我喜歡的攝影藝術。（攝影／張惠清）

員，透過努力不懈，最後榮登中華電信副總經理一職，並把中華電信改變成實質獲益最豐富的單位，我要感謝很多人，父母、親友、共事的同仁、所有幫助過我的人。我要和各位說，因為有各位的鼎力相助，才造就今日的我。

人生就像舞台，當你獲得了這個角色，就要盡量扮演，沒有驕傲，只有尊重。面臨即將退休，心中縱使對公司與同事有千萬分不捨，但忙碌了大半輩子，家庭依然是我人生最重要的地方，接下來我要把時間留給家人，並且擔任義工幫助更多人，並專心在我喜歡的攝影藝術上，展開自己人生的新舞台。

參加日月潭萬人泳渡活動所獲得的游畢證書。

游泳

▶ 泳渡日月潭

我在2002年到2003年的期間隨蘆洲晨泳會參加日月潭萬人泳渡活動,從朝霧碼頭下水游到對岸伊達紹碼頭,全程大約3,000公尺,景色宜人,途中仰泳欣賞風景,是人生一大享受。

▶ 全國成人分齡游泳錦標賽

為推展全民游泳風氣,提高游泳技術,中華民國成人游泳協會,每年舉辦成人分齡游泳比賽,每隔5歲一組,2002年參加蘆洲晨泳會,總幹事鼓勵我參加65歲組第九

男子第九級50公尺仰式第四名獎狀。　　　男子第九級50公尺蝶式第六名獎狀。

級（65～69歲），我以為65歲退休，大概人數比較少，就半推半就參加了，不料，競賽手冊拿到，才發現65歲組是參加人數最多的一組，共有16個人參賽。比賽在羅東運動公園游泳池舉行，場地設備新穎，具有國際級的水準。

在男子第九級50公尺仰式比賽，我注意到隔壁水道選手游得超快，原來是大會紀錄保持人，並再此次刷新大會紀錄，後來才發現他是現任高雄體育會總幹事，那場比賽中我得第四名（48秒24），而後又在男子第九級50公尺蝶式，得第六名（54秒30）。

「終身學習楷模獎」獎盃。

社區大學

　　退休後，回到學校學習感興趣的知識，不僅能充實生活，學習更多技能，更能讓生活多采多姿。2005年1月，我報名了臺北市社區大學教育的先驅之一的臺北市中正社區大學，當時授課地點在開南商工，在多元豐富的課程設計中，我學習攝影、電腦、養生、歌唱等課程，四處趴趴走，不亦樂乎。

　　2017年1月校長羅予婷致贈「終身學習楷模獎」。隔年8月20日，臺北市政府為慶祝臺北市社區大學成立20週年，在大安高工舉辦慶祝大會，臺北市社大有14間，學生兩萬多，中正社大約占八千多人，各校受獎代表逐一上台領獎，當時的市長柯文哲頒給我「終身學習獎」獎牌。

「終身學習獎」獎牌。

我與得獎作品合影。

我與中正社大攝影老師倪紀雄頒獎合影。

▶ 攝影

中正社大攝影老師倪紀雄，曾兩度榮獲全國攝影比賽金牌獎，是中國、美國紐約、臺北市攝影學會博學會士，也曾任臺北市攝影學會理事長，於社區大學開設「攝影天地」班授課，叫好又叫座，每一期都爆滿，每一堂課要穿插一堂外拍實習，學期末，老師自費舉辦「觀摩比賽」，每人要繳交四張照片，是大家最期待的一刻，老師當場擇優講評，並頒發獎品鼓勵。

中正社大頒發觀摩比賽金牌獎獎盃。

我的得獎作品－「臺灣亮起來」。

▶ 電信同仁攝影展

瑞士 馬特洪峰。

退休

法國 孔克古堡。

編撰《臺灣電信發展史》

2014年《臺灣錢淹腳目》作者，也就是退休同仁簡義雄科長，提議撰寫臺灣電信史，總工程師李添永和我，前往請教前董事長呂學錦，呂董說：「很好啊，往後恐怕再也後繼無人。」隨即促成我們與中華電信合作出書。

起初擬以電信技術發展為主，後來增加電信經營，完整呈現《臺灣電信發展史》。

見證臺灣電信之發展的書籍 —— 《臺灣電信發展史》。

退休同仁陸續參與，協理楊桂芳著重經營篇，工程師徐文瑞退休即全身投入，有了這兩位電腦高手，彙整美編與創意，如虎添翼。

編寫期間考量到有圖片的文章，更容易引起讀者的閱讀興趣，廣蒐歷史圖片並拍攝補充，插圖460餘幅。而這本由一群在臺灣電信奮鬥數十年的退休電信幹部參與撰寫，見證臺灣電信之發展的書籍 ——《臺灣電信發展史》於2016年6月9日出版。

台灣電信發展史編審團隊　　　　2016.7.11

2016年7月11日《臺灣電信發展史》編審團隊合影留念。

前排由左至右為：徐淑琴、洪淑月、黃美華、呂學錦、陳堯、我、李添永、楊桂芳、黃明珠。

後排由左至右為：簡義雄、林勝男、李金德、吳朝輝、劉登科、鄭田、巫文成、徐文瑞、劉時淼。

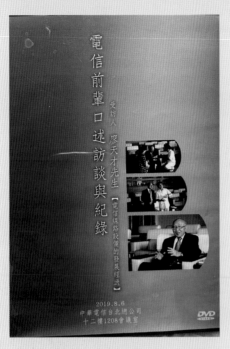

「電信前輩口述訪談與紀錄」封面。

「電信前輩口述訪談與紀錄」訪談VCD。

口述「電信線路設備的發展經過」

中華電信公司與臺灣電信協會主辦「電信前輩口述訪談與紀錄」由國立科學工藝博物館執行。2019年8月6日我在總公司12樓會議室口述「電信線路設備的發展經過」。

行動電話開創團隊

參與行動電話建設工程主管14人，被不實指控，纏訟14年，受盡苦楚，終還清白。退休多年後，再2019年

2016年7月29日臺灣行動通信開創團隊合影留念。

前排由左至右為：黃明珠、林玲月、潘敦崇、林子路、我、蒙志忠、俞進一、葉永川、顧志超、張孫堆、石木標（病）、簡文純（歿）、洪明輝（歿）。

後排由左至右為：翁啟喜、陳長榮、劉得金、林秋明、林明信、林仁紅、游旺枝、董岱嵩、梁丕州、張宗彥、吳文達、林忠正、游順德、駱文宗、林國豐（不克前來）、簡平丁。

7月29日，邀請當時參與行動電話建設的工作夥伴聚餐，林國豐當時還是行通分公司總經理，有臨時要務不克前來，卻一早就請秘書前來付帳，大家多年不見，相見甚歡，餐後，贈送參加聚會的夥伴們一人一本剛出版的《臺灣電信發展史》，並攝影留念！

2009年11月7日在一指禪秋季聯誼會留影紀念。

義工

▶ 自閉症游泳義工

每年暑假，自閉症服務協進
會，在三重高中，舉辦星兒游
泳班，當義務教練多年。

獲頒自閉症服務協進會的感謝狀。

▶ 一指禪

在士林社大，學到養生功「一指禪」，在三重高中晨
泳時，帶大家熱身操，做一指禪功，在操場健行者也
來參加，持續十多年。

▶ 攝影

在親朋好友的婚喪喜慶、幼心幼稚園、士林長老教會
慶典活動攝影。

我為幼心幼稚園為認真表演的小朋友拍下照片。

抗癌

　　2023年3月18日因感冒高燒急診，抽血檢驗時發現體內有不成熟白血球，經過進一步檢查得知，竟是急性骨髓白血病（俗稱血癌），頓時感到晴天霹靂、軟弱無助，經好友介紹臺大癌醫中心醫院血腫部主治醫師劉家豪，第一次門診就感覺他的親切且與病人有同理心，不厭其煩地解釋，讓我更了解治療的方向。他也叮嚀我不要擔

心，其他跟我一樣高齡病人治療的情況非常好，一定要有信心，並跟我加LINE還在半夜發訊息傳送他的演講關於疾病知識的影片、居家照顧和飲食注意事項與新藥的說明，給我加油打氣並說他一定會盡力為我治療。

所以當我每天早上起床看到他傳訊息給我，真是感動萬分也讓我信心大增，後來又讓我參加總院的新藥實驗計畫得到更好的照顧，並由臺大總院蔡承宏醫師接手我的治療，他也是位仁心仁術的醫師，住院期間無論多晚一定會來探視鼓勵打氣，治療過程還有陳冠好專案護理師的全程安排跟進，住院期間所有醫護人員悉心照顧，如一群白衣天使圍繞身旁，他們無微不至與親切的照護，讓我感動，心中滿溢感恩之情，此外更有好友佩菁日夜陪伴照顧及兒女的關心問候，教會牧師和兄姊們的代禱，讓我感覺幸福滿滿！我在醫院度過88歲生日時，許下要將我畢身經歷分享的願望，而現在我也完成我心中的願望，希望能透過這本書讓更多人獲得啟發與鼓勵！

後記

在人生的道路上，

這一生我充滿感恩！

母親含辛茹苦的養育，她的信仰人生讓我深刻體會－「順境感恩，逆境順服」。

內人無怨無悔的陪伴讓我在工作上無後顧之憂，長官的指導、提攜與信任，朋友同事們的鼓勵與幫助，點點滴滴都銘感於心，無限感恩。

在米壽之年，分享我的人生經歷為這個需要撫慰的時代灌注正能量。

國家圖書館出版品預行編目(CIP)資料

創新與變革：一個電信人的故事/廖天才作. --
第一版. -- 新北市：商鼎數位出版有限公司，
2024.02

　面；　公分

　ISBN 978-986-144-256-3(平裝)

　1.CST: 廖天才 2.CST: 自傳 3.CST: 電信事業

783.3886　　　　　　　　　　　113000537

創新與變革
一個電信人的故事

作　　者　廖天才

發 行 人　王秋鴻
出 版 者　商鼎數位出版有限公司
　　　　　地址：235 新北市中和區中山路三段136巷10弄17號
　　　　　電話：(02)2228-9070　傳真：(02)2228-9076
　　　　　網路客服信箱：scbkservice@gmail.com

編 輯 經 理　甯開遠
執 行 編 輯　尤家瑋
獨立出版總監　黃麗珍
美 術 設 計　黃鈺珊
編 排 設 計　翁以倢

商鼎官網

f 來出書吧！

2024年02月15日出版　第一版／第一刷